Johann Leonhard Hug

Die Erfindung der Buchstabenschrift

Verone

Johann Leonhard Hug

Die Erfindung der Buchstabenschrift

1st Edition | ISBN: 978-9-92500-079-1

Place of Publication: Nikosia, Cyprus

Erscheinungsjahr: 2016

TP Verone Publishing House Ltd.

Nachdruck des Originals von 1801.

Johann Leonhard Hug

Die Erfindung der Buchstabenschrift

Verone

An den Herrn von Mederer
Edeln von Wuthwehr,
Obersten Feldarzt aller k. k. Armeen.

Ein wohlthätiger Genius, Namens Theyth, hatte, wie die Fabel sagt, in Aegypten verschiedene schöne und nützliche Erfindungen gemacht. Damals herrschte Thamus im Lande, seine Burg war in Thebe. Der Genius gieng zu ihm, um ihm seine Erfindungen mitzutheilen, damit er sie unter den Menschen verbreite; nebst andern zeigte er ihm auch die Buchstabenschrift. Er sah alles und fragte den Geist um den Nutzen von jedem; als die Rede an die Schrift kam, fragte ihn der Beherscher auch hierüber, und erinnerte dagegen, daſs sich zum Nachtheile des Gedächtnisses die Menschen auf schriftliche Denkmäler verlassen, und dieses Vermögen ihrer Seele sofortan nicht mehr so fleissig anbauen werden: sie dürften auch, bemerkte er weiter, durch häuffiges Lesen eher Vielwisser und eingebildete Gelehrte werden, als wahre und gründlich unterrichtete Weise. *

---

* Plato im Phädrus.

Beydes hat sich bestätigt; und es ist noch viel mehr Uebles daraus geworden, als die scharfsichtigste Divinationsgabe geahnet hätte. Doch ist es eine göttliche Erfindung, und ihr Werth ist unschäzbar für unser gesammtes Geschlecht. Es ist dadurch, so zerstreut es in allen Erdegegenden ist, in eine Verbindung gekommen und in einen gesellschaftlichen Umgang, deſsen Zweck und Erfolg die Ausbildung unserer Fähigkeiten ist, an welcher jeder Einzelne für alle arbeitet. Der Weise bleibt nimmer in dem engen gesellschaftlichen Kreise eingeschloſsen, in dem er lebt, und in den Umgang der Wenigen, die ihn hören; seine Erkenntniſse, seine Entdeckungen gehören dem Ganzen an. Unsere Gedanken wandeln von Zone zu Zone, und die Erkenntniſse des Individuums erleuchten das ganze Geschlecht.

Sie sind damit auch vor dem Untergange für die Zukunft gesichert. Es stirbt nimmer mit einem einzigen Menschen das Andenken vieler Weltbegebenheiten, es gehen nimmer mit einem die Einsichten für Tausende ins Grab. Die Schrift ist das gemeinsame Behältniſs, worinn alle Schätze der Weisheit hinterlegt werden; es ist in unserer Mitte. Längst entwichene Zeugungen sammelten daran, wir nehmen davon, und unsere Nachkommen; und was das sonderbarste ist, werden diese Schätze nie aufgezehrt, sondern vermehren sich durch den Gebrauch. Wenn es je möglich ist, daſs das ganze Geschlecht vollkommen weise und glücklich werde, so kann ein so erhabenes Loos der Zukunft nicht entgehen, die einst im Besitze geläuterter und verarbeiteter Erkenntniſse ist, und aller nüzlichen Bemühungen der Vorwelt.

Wir müſsten sehr unwürdig seyn an den Vortheilen dieser Erfindung Antheil zu nehmen, wenn wir uns nicht darum bekümmern wollten, in welchem Zeitalter sie geschah; denn sicher ist sie seit der Erfindung der Sprache die gröste und merkwürdigste, die zur Vervollkommnung und Ausbildung der ganzen Gattung und zu ihrer Humanisirung gemacht wurde. Sollen wir nicht wifsen, woher diese neue Veränderung ihren Anfang genommen, wann diese Hauptepoche in unserer Verbefserung begonnen hat und woher sie ausgegangen ist?

Eine solche Umfrage hat sodann noch den besondern Nutzen, dafs sie unser Urtheil lenket über die Würde derjenigen Denkmäler, die sich selbst in ein so hohes Alterthum versetzen, dafs sie als die frühesten Erzeugnifse der Art, die der menschliche Geist hervorgebracht hat, angesehen werden müfsen. Was zwey und mehrere Jahrtausende als solche Schätze angepriesen haben, verlieret unter unsern Händen, wenn wir nicht von der Kunstfertigkeit der Zeiten überzeugt sind, denen sie beygelegt werden.

Wir haben so eben ein Beyspiel hievon. Die zwey ältesten Nationaldokumente der Griechen, welche sie mit Enthusiasmus verehrten, und alle gebildete Völker bewunderten, sind ihrem unsterblichen Verfafser, in so weit sie schriftliche Aufsätze sind, genommen worden. Sie giengen in Gedächtnifs und Gesang mehrere Jahrhunderte fort, bis sie durch diese wandelbare Aufbewahrung auf jene Tage gekommen sind, welche so viele Schreibfähigkeit besafsen, ihnen eine dauerhaftere und unverletzlichere Existenz zu geben.

Die ersten Zweifel darüber waren hingeworfene Gedanken eines trefflichen Kopfes im Ausland; aber sie sind durch Gelehrsamkeit, Kunsturtheil und kritischen Sinn eines Deutschen so erweitert und begründet worden, daſs jeder Angriff darauf ein gewagtes Unternehmen zu seyn scheint. Ein anderer hat sie in groſsen Maſsen, und durch kühne Anzeichnung in einen Ueberblick mit Geschmack und Phantasie hingestellt, woran Er und seine Arbeiten kenntlich sind. Die strengen philologischen Absprechungen des Vorigen treffen sogar nicht die Iliade und die Odyſsee allein, sondern mehrere Urkunden des westlichen Asiens, deren Daseyn von anderen Völkern noch weit höher hinaufgerükt wird *.

Der Umfang der vorhandenen Daten aus dem Alterthum, welche diesen Gegenstand angehen, ist zwar zu ermessen, und man sollte glauben, daſs man nach so vielen Erörterungen damit am Ende ist. Aber ihre Brauchbarkeit, Prüfung und Beleuchtung hängt von den jedesmaligen Fortschritten unserer kritischen Einsichten ab, und ihre Beurtheilung und glücklichere Combination oft von zufälligen kleinen Erkenntniſsen, die einem Individuum mehr als dem andern beywohnen. Noch mehr aber ist dieses alles eine Frucht der Ruhe und der Unbefangenheit.

Indeſsen hat der Gegenstand seine eigene Schwierigkeiten. Von der Erfindung der Schrift bis zu ihrem fertigen vollkommenen Gebrauche liegt ein so groſser Zwischenraum, daſs die Geschichte der Erfindung manchen Schicksalen unterworfen seyn konnte bis auf den ersten eigentlichen Schriftsteller. Es sind uns vielleicht auch selbst aus dem Lande, wo sie geschah, keine Urkunden und Aufschreibungen mehr übrig, und wir haben nur

---

* An Essay on the original genius of Homer.
 Wolf Prolegomena ad Homerum.
 Die Horen 10tes St. Homer der Liebling der Zeit.

durch die Dazwischenkunft anderer Völker, und durch die Berichte, die sie davon mittelbar und zufällig erhielten, noch einige Nachrichten. Selbst auch diese, die wir noch haben, sind nicht einmal gleichlautend.

Auf alle Fälle fordert also eine Nachforschung von diesem Innhalte eine Bekanntschaft mit den Quellen selber, vielerley antiquarischen Unterricht und einen richtigen kritischen Blick. Der Gegenstand ist schwer und ernsthaft, und nicht minder die Art, wie er behandelt werden muſs. Die Sache ist also feyerlich genug, ehrwürdiger verdienstvoller Greis, um Sie zu meinen Betrachtungen darüber einzuladen.

Ich weiſs es, wie vielen Antheil Sie daran nehmen. Ihr Geist lebte so viele glückliche Stunden im Alterthum, und kehrt immer mit Freude dahin zurük, nicht allein um die Fuſstritte jener Wiſsenschaft zu belauschen, worinn ihre Verdienste so anerkannt sind, sondern alles Thun und Laſsen der Menschen und Völker als Weltweiser vom Anbeginne zu beschauen.

Es ist aber nicht allein dieses; ich bin es sonst noch schuldig, Ihnen zum rühmlichen Abend ihrer Tage eine Blume zu bringen. Nehmen Sie dieselbe freundlich auf; ich reiche sie Ihnen mit einem Gemüthe voll dankbarer Erinnerungen.

Ich kann Ihnen kein Denkmal errichten; Sie haben das Ihrige selbst errichtet: Ihre Verdienste werden bleiben, wenn meiner keine Seele weiter gedenkt. Aber laſsen wir diese Gedanken; sie sind nicht erfreulich. Kommen Sie nun, und folgen Sie auch mir einmal in die Vorzeit zurük, wohin Sie mir oft den Weg gewiesen haben. Meine Nachforschungen können unter zwo Hauptansichten gefaſst werden. Die erste giebt Beobachtungen aus der Analyse und Vergleichung der noch vorhandenen phönikischen Schriftzüge; die zweyte eine historische Untersuchung über ihren frühesten Gebrauch im Alterthume.

Die phönikischen Schriftzeichen sind die ältesten der Welt nach einem allgemeinen Ruffe zum grenzenlosen Ruhme dieses Volkes. Wir haben sie noch auf Münzen und Marmor, und sogar in Büchern einer Nation, die sich aus Syrern, Assyrern und Juden sieben Jahrhunderte vor unserer Zeitrechnung zusammensezte. Sie sind für sich selbst ein altes Kunstwerk, eine Antike, die zur Betrachtung und Beurtheilung ausgestellt ist. Was wir durch sorgfältige Zergliederung und Vergleichung an ihr gewahr werden, gehört eben so gut in den Umfang unsers Wissens, als was uns unterrichtete Männer und die Aufsagen der Vorzeit mittheilen.

Die Ueberreste bey Gizeh und Thebe belehren den Beobachter mehr über die Baukunst der Aegyptier, ihren Stil und Zustand, als alles, was uns die Griechen und Römer darüber sagen. Alle Werke der alten Welt, die noch vorhanden sind, sind als Gegenstand der Beschauung reich an Resultaten, die wir selbst daraus ziehen, unabhängig von den Nachrichten der Ueberlieferung. Nur müssen wir der Wirkung, die sie auf uns machen, nicht durch unsere Meinungen zuvorkommen, nichts hineintragen, was nicht in ihnen liegt, dem Gegenstand seinen Eindruck lassen, abwarten, was er zu uns spricht, um es sodann wieder zu geben.

Die Schriftzüge der Juden vor Kyrus waren von denen ihrer Nachbarn, der Phönikier, nicht verschieden. Dieser Satz ist schon lange erwiesen, und wird hier, um allen unnöthigen

Nebenfragen oder Wiederholungen auszuweichen, als ausgemacht vorausgesezt.

Das erste, was nun Jedermann ohne Nachsuchen auffallen muſs, ist die völlige Identität der Namen, welche den jüdisch-pönischen und griechischen Buchstaben zukommen; Aleph und Alpha, Beth und Betha, Gamal und Gamma, Daleth und Delta * u. s. w. Zwo Nationen, deren Sprache so sehr, selbst im ursprünglichen Baue verschieden ist, können auf keinerley Weise in den Worten, womit diese Charactere benennt worden sind, so völlig einverstanden seyn, ohne daſs eine Mittheilung unter ihnen statt habe; in welchem Falle sodann leicht zu entdecken ist, welche die mittheilende war und welche derselben die empfahende. Die Namen sind pönisch, und also nicht von Griechen geschöpft, sondern erborgt. Fast immer führet die Kunstsprache auf die Schöpferinn der Kunst zurük; die Terminologie kündet es an, aus welchem Himmelsstriche die wiſsenschaftliche Bildung der Römer herübergenommen ist, und wir müſsen uns täglich erinnern, woher unsere Musik kam, und von welchem Volke wir die Kriegsbaukunst erlernten. Eine der Buchstabenbenennungen hatte sogar im hellenischen Erdreiche niemal ihren Gegenstand; Gamal oder das Kameel konnte durch seinen Gebrauch und Nutzen niemal diese Apotheose hier verdienen, daſs es unter die Urzeichen des Alphabetes gesezt wurde.

Auch die Ordnung ist sehr willkührlich, nach welcher die verschiedenen Laute oder Zeichen auf einander folgen. Ein Du-

---

* Es ist nur der Unterschied: Aleph, Beth ꝛc. sind Hauptwörter; אלפה, ביתה, αλφα, βηϑα sind im Punischen Beywörter.

zend Charaktere können in der mannigfaltigsten Abwechslung zusammengestellt werden, so daſs der Zufall auf mehr als hundert Arten sein Spiel haben konnte. Doch kommen sie auch hierinn zusammen. Die alphabetischen Gesänge der Juden, in denen jedesmal das erste Wort des Verses mit dem betreffenden Buchstaben anfängt, zeigen uns dieses in Vergleichung mit der Abfolge, welche die Griechen darinn beobachtet haben. Diese, die leztere, haben damit gezählt, und man weiſs daher die Reihe ganz sicher, nach der sie dieselben geordnet haben. Sie behielten sogar zum Zählen auch jene phönikische Zeichen bey, für welche sie als Buchstaben in ihrer Sprache die entsprechenden Laute nicht hatten.

Es kommen zwar bey den Griechen nach dem T noch einige Buchstaben nach, welche dem punischen Alphabete fremde sind; allein sie sind von ihnen hinzugethan, und eine eigenthümlich griechische Erfindung.

Wenn sonst noch in Ansehung einiger Charaktere ein Unterschied obwaltet, so war es vor Alters nicht so. Wir wiſsen daſs der Buchstabe San bey den Griechen vormals die sechste Stelle behauptete, welche das Sain bey dem Phönikier einnimmt. Es ist auch klar, daſs das Zad oder Zeta im Griechischen aus seinem Platze verrükt ist, den es ursprünglich besaſs. Auſser dem San, was die Zahl 6 ausdrükt, hatten sie noch ein Sampi, oder ein Σ beym Π, d. i. das Zade oder Zeta, welches sie für die Zahl 900 gebrauchen. Einst aber war es nur 80; denn der darauf kommende Buchstabe Kappa bedeutete 90 *. Näm-

---

* So dünkt mich muſs die schwierige Stelle beym Scholiasten des Aristophanes in den Wolken, gleich anfangs, verstanden werden. Κεππαριυς

lich auch diesen Buchstaben, das punische Koph besaſsen sie, deſsen Gestalt sie uns sehr richtig beschreiben, als ein ανεςραμμενον Ρω, was es auch ist in der Bustrophedonschrift. Das Ξ aber, was kein morgenländischer Laut ist, wurde mit dem Samech vertauscht, da die Griechen so mancherley Σ der südwestlichen eigentlichen Asiaten in ihrer Sprache nicht antraffen. Nachdem sie nun das Υ, welches unmittelbar nach dem T folgt, was sie anfänglich äolisches Digamma nannten und in dieser Eigenschaft gebrauchten, angenommen hatten, so bestand ihr Alphabet genau, wie das phönikische, aus 22 Buchstaben. Selbst dieses äolische Digamma ist dem Ursprunge nach pönisch; es war das lezte Zeichen, welches die Buchstabenschrift im Orient erhielt, und hatte lange seine Stellung hinter dem Thau.

Dann hat auch noch die Gestalt der beyderseitigen Charaktere eine unverkennbare Aehnlichkeit. Wenn wir sie auf Münzen und Steinschriften zusammenhalten; so ist es nimmer in unserer Willkühr, darüber anders zu denken. Schriftzüge, die unter verschiedenen Völkern eine namhafte Periode durchwandern, muſsten kleinen Abänderungen unterworfen seyn; wenn sie nun im Lauffe der Zeit so ähnlich blieben, so denke

ιππες εκαλεν, οις εγκεχαρικτο το κ ϛοιχειον, ως συμφορας τας εγκεχαραγμενας το Σ. το γαρ Σ και το N χαριςσομενον Σαν ελεγον. αι δε χαραξεις αυται και μεχρι τε νυν σωζονται επι τοις ιππης. συνεζευγμενε γαρ τε Κ και Σ. το σχημα τε ς αριθμε δυναται νοειϛαι, ꜷ προηγειται το Κ. και παρα γραμματικοις ετω διδασκεται, και καλειται Κοππα εννενηκοντα. Die Stelle wurde verschieden versucht; ich lese sie also: Κοππατιας ιππες εκαλεν, οις εγκεχαρικτο το Ρ ϛοιχειον, ως συμφορας τας εγκεχαραγμενας το Σ. το γαρ Σ κατα το Π χαρασσομενον Σαν ελεγον......... συνεζευγμενε γαρ τε Σ και Π. το σχημα τε ς αριθμε δυναται νοειϛαι, ο προηγειται τε Ρ. και παρα γραμματικοις ετω διδασκεται, και καλειται το Κοππα εννενηκοντα. Sampi wäre demnach 80.

B

man, ob ihre ehemalige völlige Identität je in Zweifel gezogen werden könne?

Wir stellen nun aus dreyen Gründen, den gleichen Benennungen der Schriftzeichen, der gleichen Ordnung in ihrer Abfolge, der Aehnlichkeit der Gestalt den Satz auf, daſs das punische und griechische Alphabet, bevor die Hellenen eigene Zeichen hinzuthaten, vollkommen eines gewesen sey, und erlauben uns aus den Namen den Schluſs zu ziehen, daſs die Griechen die ihnen entsprechende Figuren, wie immer, von Phönikiern erhalten haben.

Bevor aber Griechenland so vielfache und so vollendete Zeichen der Töne erhielt, besaſs es schon ältere Schriftzüge, welche eine allgemeine und beständige Behauptung für ein punisches Geschenk ausgab. Sie waren von den vorhin genannten nur der Zahl nach verschieden. Im Orient, woher sie kamen, muſs es also selbst eine Epoche gegeben haben, wo sie nicht so vollständig vorhanden waren, und für alle Fälle genugthaten.

Derjenige, welcher der erste eine Anzahl Töne aus der gesammten Sprache aushob, und ihnen Zeichen gab, war immer ein groſser Geist, wenn er auch nicht im Momente der Entdekkung alle Möglichkeiten und die sämtlichen Laute erfand. Es müſste vielmehr unbegreiflich und über alle menschliche Vorstellungen seyn, wenn der erste Versuch keiner weitern Vervollkommnung fähig gewesen wäre, und der kritische Beurtheiler könnte gegen jede Angabe dieser Art nicht anders als miſstrauisch werden. Die Menschen lernen durch den Gebrauch das Mangelhafte ihrer Versuche beobachten, und kommen ihm dann nach und nach zu Hülfe; sie schleppen sich mit Unbequemlichkeiten, bis sie den Vortheil erlauschen, ihnen zu begegnen.

Der Phönikier hatte im Alphabete dreyerley Σ, nämlich ז, ס und שׁ. Wird er alle diese feinern Nuancen der Laute in dem ersten Augenblicke bemerkt und unterschieden haben? Die Griechen, die feiner hörten, als wir, konnten von allen dreyen nur eines gebrauchen, so wenig bemerkbar sind sie, und so wenig allgemeine Menschentöne. So hat er zweyerley T, das ת und ט; war die kleine Verschiedenheit so nahe verwandter Zeichen gleich anfangs wahrgenommen? Das ה und ח, He und Chet, sind nur in der Abstuffung des Hauches ungleich: das כ und ק, Kaph und Koph, sind izt noch für das abendländische Ohr kaum fühlbare Unähnlichkeiten, die weder der Grieche noch der Römer empfand. Das ץ oder Z ist sogar nur der Bequemlichkeit wegen vorhanden; und konnte durch ΔΣ und ΤΣ erstattet werden *, so wie der Grieche lange das Ξ durch ΓΣ und ΚΣ, und das Ψ durch ΒΣ und ΠΣ ersezte. Es konnte wenigstens so lange vermißt werden, bis man über die Einrichtung der Sprache philosophirte, und aus den vorkommenden Erscheinungen die Regeln abzog, nach denen ihre Verrichtungen geschehen. Auch dann war es nicht unentbehrlich; es entstand durch seinen Mangel höchstens eine Anomalie der Quadrilitterorum, wie קמדש für קמץ, רעדש für רעץ, welche die ordentliche Bewegung der Sprache in nichts störte, und mehr eine eingebildete als wirkliche Desorganisation hervorbrachte.

Sind nun diese feinen Unterscheidungen, die Gradationen

---

* το γαρ ζητα εκ τε σιγμα και δελτα συγκειται. Eustath. in Homer. T. III. p. 1562.

fast unmerklich fortschwebender Laute, Wahrnehmungen des bildungslosen Geistes, in welchem der aufblitzende Gedanke von der Möglichkeit einer Tonschrift das erstemal festgehalten wird, des erwachenden Genius, was die Elemente unserer weitern Bildung erzeugt? Warum war denn nicht auch die Tonleiter in der Empfängnifs des ersten Gedankens vollendet?

Wenn wir nun alle diese Zeichen der Töne wegschaffen, welche erst Zeit, Erfahrung und feinere Wahrnehmungen hervorbringen konnten, so haben wir für drey Σ nur eines, für zwey T nur eines; nur einen Hauch für He und Chet, von Koph und Kaph nur den einen, und kein Zade; verlieren also wenigstens sechse von den 22 Buchstaben, und behalten 16 Urcharaktere, von denen wir erst noch das punische Vau, Υ; oder Digamma äolikum, noch abziehen müfsen, welcher Charakter der allerlezte zum schon vollständigen Alphabete hinzukam.

Es ist wahr, dafs damit manchmal der Sinn zweydeutig blieb und schwer zu enträtzeln war; aber es ist ungefähr der Fall, wie bey den ältesten griechischen Innschriften. Man schrieb und enträtzelte doch, wenn man auch beydes mit mehr Beschwerde that, als wir. Die Sigeische Innschrift ist ein Beyspiel davon.

Nun aber stimmen auch noch die Griechen dahin überein, dafs in ihrem ältesten Alphabete das H und Θ, Chet und Tet, noch nicht vorhanden gewesen sey; hingegen rühmen uns alle das Kappa als einen ursprünglichen Buchstaben an. Aber sie erkennen kein Z, defsen Gebrauch einige sogar unter Simonides von Melos herabsetzen, woran sie offenbar zu viel thun. Indefsen mögen sie die Einführung der mangelnden Zeichen zuschreiben, wem sie wollen, Namen und Männer nennen, welche sie wollen, denen sie dieses Verdienst beylegen; wir hangen nicht daran. Wir würden dadurch die eigentliche Frage in Nebendinge verwickeln, die sich im Verfolge selber aufklären, und bis dahin ist es nicht nur eine überflüssige, sondern eine verderbliche Mühe, Licht in diese einzelnen Angaben zu bringen. Habe sich jeder nach seiner Einsicht, nach Muthmassung oder Tradition, nach Wahrscheinlichkeit oder Zeugenschaft seinen Mann gedacht; uns liegt an der Hauptfrage, an dem worinn sie einig sind, wie sie es auch sonst verziert und verschönert haben mögen. Diese ist einzig: Ob die Griechen Anfangs diese Buchstaben hatten oder nicht?

Wir haben nun aus den Behauptungen des europäischen Alterthumes nicht allein eine Bestätigung für unsere Beobachtungen über die pönischen Schriftzeichen und ihre ursprüngliche Anzahl gewonnen, in so weit sich dieselbe durch Raisonnement entdecken liess; sondern unter Einem auch eine bestimmtere Weisung erhalten, nach der wir aus der ersten griechischen Buchstabenschrift auf jene des Orients zurükschliessen können, um namhaft zu machen, welche Zeichen insbesondere nach der ersten mangelhaften Erfindung zugegen waren. Dieses mit dem vorhergehenden verglichen, kommen folgende heraus:

Α Β Γ Δ Ε Ι Κ Λ Μ Ν Ο Π Ρ Σ Τ.

Bis hieher, glaube ich, haben wir nichts übereilt, nichts erschlichen, nichts ohne klare aus der Natur der Sache und Sprachen entnommene Gründe behauptet. Wollen wir nun einen Blick auf spezielle schriftstellerische Aussagen zurükwerfen, um zu sehen, was sie uns etwa gebührliches darüber gesagt haben oder sagen konnten, so ist nach meiner Meinung hier der Ort dazu.

Wem es gelüstet, die Berichte der Vorzeit über den ältesten Zustand der griechischen Buchstabenschrift verdächtig zu machen, dem kann es an Beschönigungen nicht gebrechen; sie bieten sich selbst an und liegen vor der Hand. Was können wir wohl für einen einfachern und glänzendern Erweiss verlangen, als die Verschiedenheit der Aussagen in einem Gegenstande, der aus Zeugen erhoben werden muſs, um alles als unstatthaft zu verwerfen, und an seine Stelle etwas Vollkommneres zu sezen? Indessen ist er mehr glänzend als wahr. Es kömmt auf den Zeitpunct an, von dem sie reden.

Wo wir die Erfindung der Buchstabenschrift, meines Ermessens eine der schwersten sowohl in Ansehung der Sache selbst, als auch in Ansehung der Epoche, die allemal in den Anfang der beginnenden Bildung unter den Menschen zurükgesezt werden muſs: wo wir diese vom Schicksal aller Erfindungen und aller menschlichen Dinge ausnehmen wollen, derer Vervollkommnung in allmähligen Schritten geschieht, so thun wir sehr gut, wenn wir keine Perioden daran zu unterscheiden belieben. Dann können wir auch in der Ungleichheit der Angaben einen Zeugen durch den andern beschämen, in der getrosten Voraussetzung, daſs sie von einem Dinge, was keinem Wandel des Geschickes unterworffen ist, in jedem Zeitraume dasselbe sagen müssen. So bald wir aber ein Ereigniss untersuchen, was durch einen beträchtlichen Zeitraum unter mehrern Veränderungen fortläuft, dessen Anfang, Ende und Mittel in ungleichen Zuständen wechselt, so ist eine Vorsicht im Zeugenverhör, und ihre allenfallsige Ausgleichung durch die Verschiedenheit der Momente, die sie beobachteten, kein unbilliger Vorschlag.

Plinius und Tacitus setzen das erste Alphabet auf 16 Zeichen herab und andere mit ihnen. * Wenn sie nicht ganz recht haben, wie die angeführten Gründe beweisen, so haben sie doch nicht weit gefehlt; es handelt sich um einen einzigen Buchstaben, um den sie reicher geworden sind, als wir durch die Analyse, welche uns nur 15 Charaktere zugestand. Setzen wir aber, dafs ihre Nachrichten aus einem Zeitraume kommen, wo eine glückliche Hand die Erfindung durch diesen Zuwachs erweitert hatte, so ist diese vermittelnde Vorstellung zum wenigsten nicht unnatürlich: setzen wir im Gegentheile auch gar nichts, so müssen wir gestehen, dafs wir Ursache hätten zu wünschen, dafs die Berichte des Alterthummes in Gegenständen einer weit spätern Epoche, die noch dazu bey weitem nicht die Genauigkeit und Beobachtungskunst, wie dieser, erheischten, sich nie in entferntere Behauptungen trennen möchten. Oder vielmehr geben wir einer gerechten Verwunderung Platz, wie aus einem so düstern Zeitalter, arm an Urkunden und Denkmählern, faktische Unterweisungen herabkommen von so vollem Gehalt und innerer Wahrheit.

Aristoteles erhöht das alte Alphabet auf 18 Buchstaben; zwey andere habe Epicharm noch hinzugethan. ** Auch er hat die Wahrheit gesagt in Hinsicht auf die Zeiten, die ihm im Sinne lagen. Unmittelbar vor den Tagen des Weltweisen von Kos, dessen Verbesserung er hier anrühmt, hatten die Griechen schon die vollständigern Schriftzüge der Phönikier, 22 an der Zahl, kennen gelernt. Von den 7 neu hinzugekommenen Sain, Samech, Chet, Thet, Zade, Koph, Vau ($επισημον\ βαυ$, oder Digamma) konnten sie einige zur Schrift nicht gebrauchen, wie

---

* Plin. Histor. nat. L. VII. 56. Tacit. Annal. L. XI. 14.
** Plin. l. c.

z. B. die drey Episemen, Sain, Koph und Vau, die sie nur zu Zahlzeichen anwandten; denn auch mit dem βαυ oder Υ war dieses lange der Fall, bis sie es zur Adspiration als Digamma, und endlich zu einem Vokalzeichen, zum ü ausersahen, und ihm ausser dem äolischen Dialekte ein allgemeineres Bürgerrecht zuerkannten. Dem Samech aber, was dem hellenischen Munde fremde war, hatte man das Ξ noch nicht substituirt. Somit waren es nur 18 Schriftcharaktere, welche den Griechen brauchbar waren, bis sie dieselben mit einigen Zeichen vermehrten, welche die Eigenthümlichkeiten ihrer Sprache verlangten. Der Stagirite nannte sie daher priscas litteras, αρχαια γραμματα, in Beziehung auf das jonische Alphabet, welches unter dem Archonten Euklides in der 94ten Olympiade erst eingeführt wurde unter den europäischen Griechen, in welchem Sinne man diese Schrift öfter alte Schrift, und auch attische Schrift, παλαια και αττικα γραμματα, im Gegensatze mit jener der Jonier nannte, welche aus 24 Buchstaben bestand, und die allgemeine wurde. * Behalten wir also, wie es nothwendig ist, den Unterschied der Zeiten im Auge, so verschwinden die Schwierigkeiten, die nicht in den Alten, sondern in uns liegen, und in unserer Weise, sie zu betrachten.

Aber merkwürdiger als dieses alles, und viel unerwarteter ist eine Stelle bey einem Kirchenvater, bey Irenäus L. II. C. 24, in welcher uns dieser Gelehrte über den Zustand des alten hebräischen Alphabetes verständigt. Sie hat jene Aufmerksamkeit noch nicht erhalten, welche sie verdiente, und wie es scheint, vorzüglich aus dem Missverstande ihrer Erklärer, die getreulich

das

---

*) Harpocration in αττικα γραμμ. Vergl. not. Maussaci.

das ihrige gethan haben, ihren natürlichen Innhalt durch eigene Gelehrtheit zu verdunkeln. Martianay, Feuardent, Massuet konnten sich in das Paradoxe des würdigen Vaters nicht finden, obschon seine Aeusserungen so klar und ausdrücklich sind, daſs man sehr entschlossen seyn muſs, die Sache nicht, wie er sie sagt, zu nehmen, um sie unrichtig zu deuten.

Die gnostiche Schule hatte eine Art Kabbala, und suchte in den Buchstaben, Sylben und Worten der Bibel einen geheimen mystischen Verstand. Bald hiengen sie blos an der Gestalt der Buchstaben, bald wollten sie aus ihnen, in so ferne sie als Zahlzeichen gebraucht werden, gewisse Geheimnisse nach dem arithmetischen Werthe derselben herausfinden. Der Lehrer widerlegt diese Spielereyen und sagt ihnen, wenn auch alle diese Träumereyen nach dem griech. Alphabete wahr wären, so sey damit noch nichts gewonnen; sie müssten sich im hebräischen und vorzüglich im alten und ersten Alphabete der Juden bestätigen, welches von dem griechischen ausserordentlich verschieden sey. Per omnia autem Hebræorum litteræ non conveniunt cum numero Græcorum, quæ maxime deberent, antiquiores et frimiores existentes, salvare supputationem eorum. Ipsæ enim *antiquæ et primæ* Hebræorum litteræ *sacerdotales* nuncupatæ decem quidem sunt numero, scribuntur autem quoque per quindecim novissima littera copulata primæ. Et ideo quædam secundum subsequentiam scribunt sicuti et nos: quædam autem retrorsum a dextra parte in sinistram retorquentes litteras.

Man fand alles ehender möglich, als was der Kirchenvater sagte, suchte die ganze Stelle von den Buchstaben als Zahlzeichen auszulegen, und brachte endlich mit dem neuen jüdischen

Alphabete von 22 Buchstaben so etwas heraus, was man glaubte, daſs es auf diese Weise genommen werden könnte.

Allein er spricht nicht von diesen Schriftzeichen, sondern von den alten und ersten Buchstaben dieses Volkes, von den heiligen und priesterlichen, welche nur antiquæ und primæ in der Entgegensetzung mit den neuern jüdischen Charakteren seyn können. Er redet auch nicht allein von ihrem Gebrauche zum zählen; sondern ausdrücklich von jenem zur Wort- und Sylbenschrift, und macht sehr archäologisch die unverhoffte Bemerkung darüber, daſs man sie von der Rechten zur Linken, und ohne abzusetzen in Einem fort wieder von der Linken zur Rechten zurükgeschrieben habe, oder Bustrophedon, wie die frühesten Aufschriften und Denkmäler der alten Welt verfasst wurden. Die Numismatik zeigt uns noch Proben von dieser phönikischen Schriftart, und einige Gepräge der Chasemonäer von der gleichen Gewohnheit der Juden; griechische haben wir auf Marmor und zum Theile auf den Münzen von magna Græcia.

Indessen ist auch von der Schrift nicht einzig die Rede. Er handelt im ganzen Hauptstücke von einem zweyfachen Gebrauche der Buchstaben, zum Schreiben und Syllabisiren, und von jenem zum Zählen, wo sie als arithmetische Zeichen gelten. Gleich im Anfange sagt er, daſs die Gnostiker zuweilen per syllabas nominum, und per numeros aliquando quidem argumentiren, und bestreitet ihre Thorheiten in beyderley Hinsicht bis ans Ende des Capitels.

Somit ist die Meinung des Lehrers deutlich und von allen Seiten bestimmt; es ist sogar unbegreiflich, wie man in seiner Aeusserung, die er so ausgeschieden hingelegt hat, sich anderer Vorstellungen überreden konnte. Das erste und älteste jüdische Alphabet hatte also nach seiner Behauptung 15 Buchstaben zum Schriftgebrauche, gerade so viele, als wir auf dem Wege der Analyse fanden; davon dienten nur zehen als Zahlzeichen.

Nahmen sie die ersten zehen als Einheiten, und erhoben sie sodann durch Zusetzung eines Punktes oder Striches zu den Dekaden, wie es noch auf eine gewisse Weise geschieht: so stiegen sie damit von 20 bis 1000, und diese Art zu zählen war ausserordentlich natürlich und einfach.

So verständig und kunstlos dieses arithmetische Verfahren ist; so kann ich mich dennoch einer Vermuthung über den Text des Irenäus nicht enthalten. Es wäre bey dem Allem wohl möglich, daſs sie, wie es bey ihnen und bey den Griechen mit dem vollständigern Alphabete üblich war, allen Charakteren eine arithmetische Bestimmung beylegten. Wenn ich mir an der Stelle der lateinischen Uebersetzung, die wir noch haben, den griechischen Text denke, so dürfte er so ausgesehen haben: τα παλαια και πρωτα Εβραιων γραμματα, ιερα καλουμενα ΔΕΚΑΜΕΝΤΕ (ΔΕΚΑΠΕΝΤΕ) εισι τη αριθμησει, γραφονται δε και δια πεντε και δεκα, το εσχατον γραμμα συνεζευμενον πρωτω. κ. τ. λ. Es war sicher das leichteste Uebersehen, was zu gedenken ist, wenn der Uebersetzer ΔΕΚΑΜΕΝΤΕ mit ΔΕΚΑΠΕΝΤΕ verwechselte, und also sein decem quidem sunt numero hinschrieb. In dieser Voraussetzung müsste die Stelle so lauten: primae enim et antiquae Hebraeorum litterae .... quindecim sunt numero, et scribuntur quoque per quindecim, als wollte der Kirchenvater sagen; sie zählen nicht gleichförmig mit den Griechen, als welche επισημα hinzuthun, sondern sie haben gleichviele Zeichen zum Schreiben und Zählen, nämlich 15 zu beyden Verrichtungen. Auch diese Erklärung ist auf den Innhalt des Ganzen, wer ihn vergleichen will, überaus passend und angemessen.

Indessen kömmt es uns für unsere Absichten auf ihre Art zu zählen nicht an; es ist genug, daſs wir über die Anzahl der ältesten hebräischen Schriftzeichen im Klaren sind, und den Lehrer gehörig gefasst haben.

Für die biblische Litteratur dürfte diese beyläuffige Bemerkung von grösserer Wichtigkeit seyn, wo oft ungeheure Zahlen herauskommen, so daſs die Erklärer ihres Kummers kein Ende wissen. Wenn man damals, als man das alte Testament aus dieser mangelhaften Schrift in die vollkommnere umsezte, den Buchstaben, welche als Zahlzeichen da waren, ohne auf die Veränderung ihres arithmetischen Werthes zu sehen, keine andere substituirte; sondern hie und da die nämlichen stehen ließ, so musste so etwas herauskommen. In einem Alphabete von 15 Buchstaben ist z. B. K nur 7; im vollständigen von 22 Zeichen ist es 20: Λ oder ל ist nur 8; im neuern ist es dreyssig u. s. w.

Wen muſs nun ein so besonderes Erkenntniss des entfernten orientalischen Alterthummes bey unserm Kirchenvater nicht in Verwunderung setzen? Seine Jugend und erste litterarische Erziehung in Kleinasien erklären es noch nicht, und wenn ich eine gnostische Quelle vermuthen wollte, wo sich noch manche alte Idee aufhielt, so ist es mir anderer Seits nicht gedenkbar, daſs er eine seiner eigenen Meinungen und Ueberzeugungen auf das Ansehen derselben sich zugestanden hätte. Wie er also dazu gekommen ist, wissen wir schlechtweg nicht; aber man findet sich in seinen Schriften nicht selten überrascht durch seinen besondern litterarischen Geschmack und eine ganz eigene Belesenheit. Woher er diese Nachricht indessen auch haben mag, so hat sie in ihrem Innhalte die Empfehlung einer vollkommenen Sachkenntniss.

Diese zweyfache aus sehr verschiedenen Quellen entsprungenen Berichte über den Zustand der ältesten phönikischen Schriftzüge, die sich so freundschaftlich begegnen und die Hand bieten, verdienten doch wohl vor dem Richterstuhle der Kritik einige Achtung, wenn ihnen auch keine andern philologische Bestätigungen zur Seite wären.

Es wäre dem Plane zuwider, den ich mir vorgezeichnet habe, wenn ich mich schon izt in das Gebiet der Geschichte weiter verirren wollte; gehen wir also wieder an das Geschäft der Analyse zurük. Da warten andere Fragen auf uns. Wo und wie entstand dieses Alphabet? Was trägt es für Spuren seiner Abkunft, Veranlassung und seines Vaterlandes an sich?

Wenn wir die Namen der Buchstaben mit der Gestalt derselben zusammenhalten, so zeigen ihre Formen und Züge eine mehr als gewöhnliche Aehnlichkeit mit den Dingen, welche ihre Benennungen ausdrücken. Sie sind, wie es scheint, Umrisse ausführlicher Bilder, die Aussenlinien ganzer Zeichnungen, welche einst diese Gegenstände darstellten, deren Namen izt noch die einzelnen Buchstaben tragen, so daſs sich manchmal anschaulich die Vermuthung rechtfertigt, sie möchten aus einer ältern Gemäldeschrift, aus Hieroglyphen entwandt seyn. Sucht die pragmatische Geschichte anders mit Recht und Befugniſs die Ursachen und Vorbereitungen von Ereignissen unter den Menschen in vorhergehenden Zuständen, und erkennet sie kein gählinges menschliches Würken ohne das Daseyn eines frühern Impulses, keine Erzeugung kühnerer Ideen ohne eine erweckende Ursache, weist sie den Menschen immer in das Geleis des Menschen zurük, und selber das Genie unter die Herrschaft des Einflusses und der Umstände, so können auch wir die Erfindung der Tonschrift nicht als einen raschen Sprung des Geistes betrachten, dem kein weiterer Schritt vorangieng, und nirgends in der Reihe der Dinge ein Wink, oder eine frühere Veranstaltung zur Entwicklung eines so schönen Gedankens.

Aber anderer Seits, wenn es je einen Spielraum gegeben hat für die Ausschweifungen einer frechen Einbildungskraft, welche in den entferntesten Vorstellungen Analogien schafft, und durch ihre Combinationen den Frauenzimmerkopf und den Fischschweif glücklich zusammenbringt, so ist es hier. Man erinnere sich an ein glückliches und fruchtbares Talent, was unter einem andern Einflusse grosse Dinge hervorgebracht haben müsste, ich meine den Jesuiten Kircher, und an einen neuern Gelehrten, der so viel ähnliches mit ihm hat in Fähigkeiten und Anlagen und in den ungebundenen Bewegungen der Phantasie, der er jede Belustigung zugestand in Sachen der Sprache und Schrift und überhaupt in seinem ganzen monde primitif, einem sonst gedankenreichen Werke.

Die Erinnerung an diese Beyspiele sollten an dieser Stelle wenigstens den Vortheil für uns haben, dafs sie unsere Untersuchungen von Zeit zu Zeit in die Pfade der ruhigen Ueberlegung zurückelenke.

Das Urtheil über die Aehnlichkeit von Zeichnungen mit gewissen Gegenständen beruhet zwar auf Intuition und Apodixis, wo oft einer mehr als der andere sieht, wenn Aehnlichkeit und Gleichheit nicht wie bey mathematischen Gestalten eintrift. Aber setzen wir, der Mahler stünde jedesmal neben seiner unvollkommenen Zeichnung, um uns zuzuruffen, was es seyn soll, so haben wir mehr nicht nöthig, um ihm zu glauben, als daſs wir uns zwischen Gegenstand und Nachbild wieder erkennen, und Spuren der Nachahmung finden. Dieses ist hier der Fall; die Bilder bringen die Namen mit sich, und wir haben eine Weisung auf etwas Bestimmtes, dem die unkünstliche Zeichnung entsprechen soll. Wie sind nicht wir bey der Betrachtung eines Dendriten, der keine Unterschrift von der Natur mitbringt, und auf dem jeder nach seinem Vermögen zu dichten eine Landschaft oder eine Bataille sieht, uns allein und der Willkühr überlassen. Wir haben also schon eine Wahrscheinlichkeit, wenn der Riſs nur einiger Massen mit dem Namen übereinkömmt, den er trägt, und wenn dieses bey den meisten dieser Risse geschehen sollte, so können wir wohl einer Beobachtung sicher seyn, die sich so oft bestätigt.

Wir sind irrig daran und fordern zuviel, wenn wir erwarten, daſs das Schriftzeichen den Gegenstand so vollkommen darstelle, wie die Contorni eines welschen Meisters in einem unverkennbaren Kunstausdrucke, da die Erfindung in Zeiten geschah, wo die bildenden Künste kaum sich im Keime entwickelten. Wäre auch selbst die erste Zeichnung ein vollendeter Umriſs gewesen, durch wie viele Kopien kam er zu uns, und durch wie viele nachschreibende Hände, unter denen wohl selten ein Zeuxis gewesen ist? Eben so irrig sind wir aber wieder daran, wenn wir bey Vergleichung des Namens mit der Gestalt nicht beym ersten Anblicke sagen müssen: Es ist etwas Aehnliches. Dann lauffen wir Gefahr, der Phantasie Rechte einzuräumen, die sie bey einer solchen Erörterung nicht haben darf.

Es sind sodann auch nur jene 15 ersten und ursprünglichen Charaktere, deren Namen in der punischen Sprache einen gemeinnützigen Naturgegenstand ausdrücken; von den andern haben wenige eine erweissliche und uns bekannte Bedeutung. Es war daher allem Ansehen nach nur die erste Tonschrift. die sich aus der Bilderschrift entwickelte. Wenn die erste glückliche Ansicht des Erfinders durch Hieroglyphen erweckt wurde, so hat es desswegen mit den folgenden Verbesserungen kein gleiches Bewandtnifs, und ihre Veranlassung dürfte eher in gemachten längern Erfährungen und allmähliger Wahrnehmung des Mangelhaften zu suchen seyn.

Nehmen wir nun wieder unsere Antique zur Hand, um ihre Analyse weiter fortzusetzen.

Plutarch sagt, dafs die Phönikier das Zeichen des Ochsen als das erste in ihren Schriftzügen aufgeführt haben; denn Alpha bedeute einen Ochsen. So wenig sonst die Griechen in der Etymologie der barbarischen Sprachen glücklich waren, so trifft es doch hier ein. Das Wort אלף hat diese Bedeutung, und wir wissen also den Namen. *

Ob die Fabel, welche Pausanias erzählt von Kadmus, der nach den ältesten Sagen die Buchstabenschrift der erste den Griechen

---

* Καδμου.... Φασι το Αλφα παντων προταξαι, δια το Φοινικας ετω καλειν τον βων Sympos. L. IX. n. 3. Tom. II. opp. philos. p. 1314. Edit. Steph.

chen bekannt gemacht hat, hieher einen Bezug habe, will ich nicht untersuchen. Es soll ihm nämlich ein Ochse vorgegangen seyn auf seinem Zuge nach Griechenland. *

Die Gestalt, welche der Buchstabe auf der beyliegenden Kupferplatte hat, ist aus Münzen von Tyrus und dem syrischen Laodikea, und aus der berühmten Steinschrift von Malta genommen. Geben wir ihr statt der schieffen Stellung die andere, welche wir dazu hingezeichnet haben, so ist es der Umriſs eines Ochsenkopfes, wie ihn mit einem Paar Linien eine ungeübte Hand hervorbringen würde.

Wie der Phönikier, der Kaufmann und Seefahrer, der an einer unfruchtbaren Küste durch den Pflug der Erde nichts abgewinnen kann, und eben deſswegen ins Wasser muſs, um seiner Beute aufzulauren; wie er das nützlichste Thier des Ackerbaues so zu Ehren zieht, weiſs ich nicht. Wenn er, Anfangs ein Fischer aus Noth, und nachher als gebildeter Pilote, einem Kahne die erste Stelle eingeräumt hätte, so müsste es jedermann angemessen finden. Das Wort אבריה hätte denselben Anfangslaut gehabt. Durchaus, was noch sonderbarer ist, ist diesem für den Phönikier so unentbehrlichen Lebensinstrumente nirgends im ganzen Alphabete ein Platz vergönnt. Man sollte daher vermuthen, daſs es wenigstens keine Erfindung des nahen Seeanwohners sey, und des Mannes, der einzig daraus lebt; sondern in einem Lande entstand, was schon Ackerbau hatte, und wo noch dazu der Ochse etwas heiliges war. Beydes trifft vorzüglich in Aegypten zu. Diese nämliche Figur erscheint sogar immer auf dem Haupte der Isis in allen Bildern dieses Landes.

---

* Pausan. in Beotia p. 230. Ed. Aldi.

Der zweyte Buchstabe ist Beth; der Name bedeutet in der punischen Sprache ein Haus. Die Bedeutung ist völlig bestimmt; denn für Zelt, Hütte, hat der Morgenländer eigene und festgesezte Benennungen. Niemand wird in dem beyliegenden Risse eine Aehnlichkeit mit einem Hause des südwestlichen Asiaten finden. Die Dächer derselben waren bekanntlich ganz eben, so dafs man darauf gieng, wohnte, speisste, betete. Nur Aegypten hatte pyramidalische Häuser, Gebäude und Katakomben; und in Ansehung dieses Landes nähert sich die Gestalt der Bedeutung des Wortes. Wir haben also hier ein ägyptisches Haus und einen Eingang darein.

Gimmel, Gammel, ist ein Kameel, das nützlichste Thier des Morgenlandes. Es nährt und bedecket den Anwohner dieser Climate, und trotzet dem Durst am längsten; als hätte es die Natur eigentlich für die Wüste und für diesen wasserlosen Boden hervorgebracht. Es verdiente also wohl den Rang, den es hier einnimmt; aber die Bildung des Schriftzuges stellt es nur allgemein vor, so dafs es auch ein Schwanen- und ein Gänsehals seyn könnte. Denken wir indessen, es gehe uns hier, wie bey alten griechischen Zeichnungen, wo oft der Mahler hinzuschreiben musste: τȣτο αλεκτρυων εςι, τȣτο ανϑρωπος. Der Name ist zwar hier nicht dazugeschrieben; aber doch ist er durch die Fortpflanzung hergebracht. Auf welche Weise wir erfahren, was es seyn soll, ist uns gleich viel; dem Zuge gemäfs, und nach seiner Beugung kann es das seyn.

Daleth ist eine Thüre, und seine Gestalt ein Triangel. Für die pönische Bauart schickt sich diese Form nicht; aber mit der ägyptischen Pyramidalgestalt der Gebäude würde eine solche Thüre übereinstimmen.

Aus dem He oder E weiss ich nichts zu machen, weil mir bestimmtere Weisungen von Seite des Namens abgehen, und auch von Seite der Zeichnung.

Jod bedeutet eine Hand, und nach der Ableitung nicht eine empfangende, sondern eine zuwerfende, mittheilende Hand. Die Gestalt drükt etwas dergleichen aus, und ist durch Striche, wie in Finger abgetheilt, so daſs sie sich diesem Gegenstande für eine rohe Zeichnung ziemlich nähert. So erscheint sie in den Inscriptionibus citieis; die zweyte Figur, welche ich beygesezt habe, ist von chassamoneischen Münzen genommen.

Man halte mir es zu gut, da gerade die Rede von diesen Inscriptionen ist, daſs ich hier über eine derselben meine Bemerkungen niederlege, wozu nur sobald nicht wieder eine Gelegenheit werden möchte. Der Marmor ist zu Oxford aufbewahrt *, und wir sind daher im Besitze eines genauern Risses, als von den andern, welche Pococke in der Beschreibung seiner Reise in den Orient der Welt mitgetheilt hat. Sie ist ein niedliches Denkmal des pönischen Alterthummes, und ist einer kurzen Digression vollkommen würdig.

Das lezte Wort der ersten Linie ist richtig מצבת gelesen; aber ist zu erklären durch צבת, oder ضبث, binden und verbinden. Das 3te Wort der andern Linie muſs dem Sinne nach eine Beziehung auf משכב, Lager, Bette, haben; auch das darauf kommende נחתי, ich ruhe, trägt zur Bestimmung seiner Bedeu-

---

* Philosophical Transactions. Tom. LIV. ann. 1764. Memoires de l'acad. des Inscript. T. LIII. in 8vo. Barthelemy Lettre à M. le Marquis Olivieri. Paris. 1766.

tung bey. Alle Buchstaben dieses unbekannten Wortes sind vollkommen unzweifelhaft, ausser dem zweyten, den wir durch Conjektur ersetzen sollen. Die Buchstaben sind folgende נאת...י, setzen wir nun der mangelnde, den wir nicht kennen, sey ש, so können wir für den Zusammenhang und Innhalt nichts angemesneres finden. וְיִשְׁנְאַת sind Schlummer, die hier Jemand auf seinem Lager ruhet.

Das erste Wort der dritten Linie bedarf nun weiter keiner ängstlichen Vermuthung, um einen Verstand ins Ganze zu bringen. Die Züge, wie sie da liegen, sind ohne alle Künsteley מתי, mein Tod. Hier ist nun die ganze Innschrift.

אנך עבד אסר בן עבדססם בן חר מצבת
לם בחיי ישנאת על משכב נחתי לעלם כלא
מתי לאמת עשתרת בת תאם בן עבדמלך

Ich Obedeser, der Sohn Obedsesams des Sohnes Char, nie verbunden in meinem Leben, ruhe hier auf dem Bette die Schlummer der Ewigkeit. Mein Tod ist die Braut statt Astaroth der Magd, der Tochter Taams, des Sohnes Obedmelch.

Ein sehr ähnlicher Gedanke findet sich in der Antigone des Sophokles, wo die unglückliche Jungfrau ihren frühen Tod beklagt, dem sie izt statt des Bräutigams in die Arme eilen soll.

ορατε μ' ω γας πατριας πολιται
ταν νεατον οδον
ςειχεσαν, νεατον δε φεγγος
λευσσεσαν αελιε,
κεποτ' αυθις· αλλα μ' ο παγκοιτης
αιδας ζωσαν αγει

ταν αχεροντος
ακταν, εθ' υμεναιων
εγκληρον, ετ' επινυμφιδος
πω με τις υμνος υμνησεν,
αλλ' αχεροντι νυμφευσω. *

Doch wir sollen wieder auf unser Jod zurükkommen. Die Figur, welche es auf dieser Innschrift hat, mit der auch die malthesische übereinstimmt, ist zwar die übliche und gewöhnliche; aber man findet wohl auch eine andere. Bey den Griechen wurde statt aller Umschweiffe eine Perpendicularlinie dafür angewandt, und dieses Compendium der Mühe zeigt sich zuweilen auch auf punischen Münzen, vorzüglich von der afrikanischen Küste.

Diodor erzählt im dritten Buche seiner Bibliothek, die Aegyptier haben unter ihren hieroglyphischen Zeichen zwo Hände gehabt, derer eine, die geöffnete, Mittheilung und Güte, die andere aber, die geschlossene, Empfänglichkeit und Bewahrung angezeigt habe. ** Gerade so viele Hände haben wir auch in unserm ursprünglichen Alphabete der Tonschrift, welche unmittelbar aufeinander folgen. Die erste, Jod יָד, haben wir so eben betrachtet, die andere ist Kaph, כַּף; jene ist eine gebende, diese eine empfangende Hand. Der Etymologie und dem Gebrauche nach bezeichnet das Wort den innern Theil der Hand, ihre Hölung, jene Seite, wo sie sich zusammenzieht zum fassen und ergreiffen. Welches nunmehr die rechte oder die linke ist, wie

---

* Edit. Hen. Steph. p. 246.
** Lib. III. p. 101. Edit. Hen. Stephan. Των δ' ακρωτηριων η μεν δεξια τας δακτυλας εκτεταμενας εχεσα σημαινει βιε πορισμον, η δ' ευωνυμος συνηγμενη τηρησιν και φυλακην χρηματων.

sie Diodor weiter unterscheidet, ist an unsern Buchstaben wohl nimmer abzunehmen, sowohl wegen der Rohheit des Risses, als auch aus der Ursache, weil mit jedem derselben nach der ältesten Gewohnheit rechts und links geschrieben wurde. Die Obelisken, Tempelwände, Vasen, und alle Monumente Aegyptens, welche mit Bilderschrift bedeckt sind, zeigen uns izt noch eine Menge von Händen, welches ich allein desswegen erinnere, damit Niemand von ihren Statuen den Einwurf herüber nehme, und die Bemerkung, daſs sie an ihnen Hände und Füsse nicht abgesondert haben, was auch in Werken des spätern Stiles zuweilen beybehalten wurde.

Was das Lamed seyn soll, weiſs ich nicht. Das Grundwort bedeutet stechen und unterrichten; das Hauptwort war vielleicht ein hieroglyphischer Griffel.

Mem ist Wasser. Die fortschwebende undulirende Bewegung der Linie drückt es aus. In der Bilderschrift kömmt eine solche wellenförmige Figur öfter vor, wie sich jeder leicht besinnen wird, der solchen Zeichnungen eine kurze Aufmerksamkeit geschenkt hat.

Dem Wasser folgt Nun, der Fisch. Hier könnte man das erstemal auf einen Seeanwohner denken; aber der Naturgegenstand ist zu allgemein, und selbst das Antheil unbedeutender Bäche. Doch dörffen wir nicht vergessen, daſs in Aegypten eine Gattung Fische unter die heiligen und göttlichen Thiere gezählt worden ist. *

Ain ist das Auge. Man sieht es überall in der Figurschrift

---

* Herodot. L. II. p. 73. Edit. Hen. Steph.

bald vollkommner bald roher dargestellt, und wenn uns Diodor nicht ausdrücklich gesagt hätte, daſs es unter den ägyptischen Charakteren einen Platz eingenommen hat, so müssten uns die nächsten besten Reste der hieroglyphischen Schreibekunst davon überzeugen. Das punische עין, Ain, giebt uns in seiner ovalen Gestalt nur noch den äussersten Umriss davon; wer sich aber den Uebergang von der ausführlichern Zeichnung zum einfachern phönikischen Buchstabenzuge anschaulich machen will, der kann es an einer Antique, die der Graf Caylus bekannt gemacht hat. *

Das nächste Zeichen ist Pi; es bedeutet den Mund. Der ältere griechische Zug bietet in seiner Gestalt nichts an, was mit der Sache viele Aehnlichkeit hätte; der punische aber, der vielleicht mahlerischer wäre, kömmt auf Steinschriften und Münzen nicht vor, weil zufällig keine Worte gebraucht sind, denen dieser Laut eigen ist.

Resch ראש ist der Kopf: ein Halbzirkel an einer Perpendikularlinie bevestigt, welcher zuweilen durch Krümmungen die Ansicht eines unförmigen Profiles giebt. Fast eben so gestaltlos erscheinet oft im Seitenrisse das organische Werkzeug zum wahrnehmen und denken auf ägyptischen Zeichnungen und an Bildern.

Nach dem Auge, Mund, Kopf, kömmt der Zahn, שן. Dieser Darstellung mangelt nichts an Aehnlichkeit, sobald man sich mit einer unvollkommenen Zeichnung begnügt.

Der lezte Charakter ist endlich Tau, die Figur des Kreutzes,

---

* Diodor. L. III. l. c. ο δε οφθαλμος, δικης τηρητης και παντος τȣ σωματος φυλαξ. Caylus Recueil d'antiquités egyptiennes, etrusques, grecques. T. I. Planche XIV.

welche unter den Alten so berühmt ist. Sie entscheidet in Ansehung des ganzen Alphabetes der Tonschrift für Aegypten, und war daselbst ein Buchstabe der heiligen und priesterlichen Schrift, ein geheimnisvolles, bedeutendes Zeichen, das eigenthümliche Emblem des Hermes, oder Theyth, Taut, des Erfinders aller Wissenschaften und der Buchstabenschrift, tauticus Character. Sein Gestirn hatte dieses Zeichen, seine Priester tragen es in Händen, und selbst auch die Isis, deren Freund und Rathgeber er war.*

Ich enthalte mich weitschüchtiger Anmerkungen über einzelne Schriftzüge aus Achtung für die Geduld derjenigen Leser, die sich nicht gerne in ein kleinlichtes Detail zerstreuen. Zween Sätze, dünkt mich, haben sich durch diese kurze Betrachtung hervorgethan; der erste, dafs die phönikische Buchstabenschrift in ihrer Erfindung Aegypten als mütterliches Land anerkenne: der andere, dafs den einzelnen Zügen Gemälde der Gegenstände, welche ihre Namen anzeigen, und ausführliche Zeichnungen zum Grunde gelegen haben, wovon sie nur einfache Aussenlinien oder flüchtige Anzeichnungen sind. Für diesen lezten Satz würde zwar der eine oder der andere Fall, in dem sich zwischen der Benennung und Gestalt ein gewisses Uebereinkommen zeigt, nichts entscheiden; allein da eine Aehnlichkeit bey den meisten dieser Zeichen mit ihren Namen statt hat, so spricht die Menge der Fälle gegen das Spiel des Ungefährs, und setzet eine Regel
fest,

---

* Horapoll. Hieroglyph. L. II. n. 112. Gorii Thesaur. gemmar. astrifer. in Tab. XXIV. Roman. muſeum Causei Tom. I. p. 96. 97. Salmas. in Solin. T. II. 874.

fest, wie in empirischen Wissenschaften, wo die grössere Anzahl gleichförmiger Beobachtungen auf einen gesezlichen Gang der Phänomene führt.

So musste es auch geschehen; die Bilderschrift musste vor der Tonschrift hergehen; so ist es der Natur des menschlichen Geistes angemessen. Als Zuschauer der Phänomene, die um uns sind, empfangen wir immer ganze Bilder, und behalten sie so, bis später das Vermögen der Abstraktion wirksam wird. Unsere Wahrnehmungen geschehen anfänglich in Concreto, und folglich auch unsere Darstellungen.

Die ersten Versuche, etwas durch Linien und Umrisse auf einer Fläche auszudrucken, können daher nichts anderes gewesen seyn als Nachbildungen ganzer Naturgegenstände, wirklicher Begebenheiten oder Erscheinungen, und eine barbarische Historienzeichnung war der Urversuch der menschlichen Darstellungskunst.

In der patriarchalischen Zeit nahm man den nächsten besten grossen Stein, und stellte ihn auf als ein Denkzeichen für ein Ereignifs, welches man merkwürdig für Kinder und Kindeskinder achtete, und in ihrer Erinnerung erhalten wollte, man übergofs ihn mit Oehle, errichtete Bethylien, und in Griechenland Steelen. So geschah die Aufbewahrung menschlicher Denkwürdigkeiten, wovon die Beyspiele Jedermann bekannt seyn können, bis man die Begebenheit in unförmiger Zeichnung selber darauf zu graben anfieng.

Unter einem ganzen Volke, in dem sich bürgerliche Einrichtungen, Gesetze und eine ordentliche Verfassung bildete, Herrscher hervorthaten, Wohlthäter und Helden, wurden Denksteine häuffiger, ihre Veranlassungen zahlreicher, und die Kunstfertigkeiten grösser. Da konnte der historische Griffel auf Steinen nach und nach Anlockungen und Gelegenheit zu Versuchen, dann zur Beschäftigung, und endlich zur fertigen Ausübung erhalten haben.

Indessen war dieses keine Schrift, sondern ein elementarisches Aufstreben zu Hervorbringung der historischen Mahlerey, die das Unbequeme hatte, daſs sie nicht verstanden wurde ohne mündliche Mittheilung, wie es immer der Fall ist bey jedem geschichtlichen Gemälde, wäre es auch der Brutus von Füger, oder was immer mit seiner Charakteristik und Vorstellungsgabe, mit seinem Pinsel erzählt. Sie konnte daher zur Erhaltung des Andenkens nur soviel beytragen, daſs sie die Neugierde der Jugend rege machte, und Umfrage veranlasste nach den Ueberlieferungen der Väter, damit die Kunden der Vorzeit nicht ohne Mittheilung in den Gemüthern verschlummern.

Das war also beginnende Mahlerey und keine Schrift. Man konnte Gegenstände nachbilden, aber eigene Gedanken und Vorstellungen nicht mittheilen, man hatte Risse von Dingen, aber keine Züge für Ideen. Man muſste auf Bezeichnung geistiger Phänomene, moralischer und physischer Eigenschaften, allgemeiner Vorstellungen und Begriffe gekommen seyn, was nur in Zeiten geschehen konnte, wo man anhob über Dinge der Art zu denken, und der Genius einer schönern Cultur in den Blüthen des menschlichen Geistes athmete. Man musste erst etwas der Aufbewahrung würdiges gedacht haben, bevor man Bilder zur Mittheilung desselben ersann.

Wo man zu ihrer Vergegenwärtigung gewisse Theilgestalten, von andern anschaulichen Naturwesen herübergenommen, allegorische Formen zu ihrer Vertrettung festgesezt hatte, näherte man sich der willkührlichen Bezeichnungsart der Sprache, und ihres Surrogates der Schrift. Als man durch das Auge Wahrnehmung und Einsicht, durch Hände Güte, Mittheilung und Empfänglichkeit, durch das Krokodil Verschwiegenheit, oder den unnennbaren Ewigen, gerechtes Urtheil durch einen Mann ausdrückte, der in richterlichen Insignien auf einem Stuhle sitzt mit zur Erde gehettetem Blicke und abgehauenen Händen, damit er weder Rücksicht auf die Menschen nehmen, noch ein Geschenk empfangen könne: damals hatte man verabredete Zeichen für gewisse Ideen, und hatte sich durch die Darstellung in etwas der Natur der Sprache genähert. Izt war es symbolische Schrift und Hieroglyphik. Die grössere Annäherung durch Bilder der Töne war durch diese Vorübungen erleichtert, und der Weg zur Hälfte gebahnt.

Also gehet der Mensch langsam von Schritt zu Schritte, von Verbesserung zu Verbesserung, und erreicht nie in einem Sprunge die mögliche Vollkommenheit. Das erste Denkmal war ein roher unbehauener Stein, wie jener des Jakob oder des Ilus am Simois, dann grub man in wilden Formen die Begebenheit hinein, dann ersann man auch Bilder für merkwürdige Gedanken, eine Wortschrift, dann Bilder für Töne, eine Sylben- und Tonschrift. Auch diese erreichte stuffenweis wieder ihre Vollendung; Anfangs ärmlich bestand sie nur aus 15 Lauten und ihren Zeichen. Die Beobachtung vermehrte sie; man kam bis auf 21; die Zeit that noch einen hinzu. Andere Völker nahmen davon oder sezten bey, so wie es ihre verschiedenen Zungen erheischten, und so wurden aus Einem durch verschiedene Abänderungen und Anpassungen eine Menge Alphabete.

Nach allem war die pönische Buchstabenschrift in Aegypten ersonnen, im Lande der Wortschrift und Hieroglyphik; in dieser lagen die Keime zur Idee der andern, aus dieser trat jene hervor. Eine Menge Charaktere und besonders der tautische sind Beweise dafür. Es sollten daher nothwendig auch die Namen ägyptisch, und von demjenigen geschöpft seyn, der die Erfindung machte, die Gestalten aus den vielen vorhandenen auslas, und sie zu Bildern der Töne einweihte, denn jeder Name drückt nicht allein die Gestalt aus, sondern fängt allemal mit dem Tone an, welchen die Gestalt bezeichnet. Von Aleph, Ochse, ist der erste Buchstabe das A, von Beth, Haus, der erste Buchstabe das B u. s. w. Es müsste also das Wort Haus, Thüre, Hand, Auge auch in der ägyptischen Sprache immer von demselben Buchstaben angefangen haben, wie im phönikischen. Bey einigen trifft es zwar zu, wie z. B. beym Ochsen, der auch im ägyptischen mit A beginnt, Api; oder beym Mem, Wasser, was im Aegyptischen Mo heisst, und also mit demselben Tone anfängt; allein dafs dieses durchgängig der Fall gewesen sey, liesse sich nur in der Voraussetzung denken, dafs die ägyptische und punische Sprache eine und dieselbe, oder als Dialekte ähnlich gewesen seyen, wovon es zur Zeit noch wenig Anschein hat.

Wir haben daher einen sehr glänzenden Grund, die pönische Namen für die ursprünglichen zu halten, welche der Erfinder der Buchstabenformen selber geschöpft und mitgegeben hat. Die Züge ursprünglich ägyptisch, die Namen originell phönikisch, wie vereinbaret sich dieses? Sehr leicht: Phönikier in Aegypten sind die Erfinder.

Die Dynastie der Hyksos mag immerhin auf sich beruhen; aber Aegypten hatte in den Urzeiten nach bessern Quellen schon phönikische Ansiedler. Von Phönikiern zu Thebe leitet Herodot den Ursprung des Orakels zu Dodona ab nach den Berichten der Priester des thebischen Gottes. In Niederägypten zu Memphis um den Tempel des Hephaistos, hatte der Platz aus alten Zeiten die Benennung tyrische Lagerstätte. * Eine weit frühere phönikische Auswanderung aus dem obern Theile des Landes, wohin die Fabel die Erfindung verlegt, werden wir nachher beurkunden. Selber den Theuth, oder Taut, den Erfinder so vieler Wissenschaften, die das Land am Nile so verherrlichen, den Vater der Buchstaben nach ägyptischen Sagen, eignen sich die Phönikier zu. ** Analytische Erweise, Umstände und Sagen, alles stimmt überein, diese Meinung zu bekräftigen.

Wenn die Mythen, die daher aus der Geburtsstätte der wissenschaftlichen Cultur durch den Mund der Griechen zu uns gekommen sind, einige Achtung verdienen, so liegt dieses Faktum sehr weit rückwärts in der Vergangenheit, und nimmt einen Platz ein unter den ältesten Denkwürdigkeiten des Landes. Allein wir wollen diese Bemerkung nicht verschönern, nicht einmal verfolgen, um nicht in Gefahr zu kommen, die strengen Gesetze, welche die Geschichte ihren Verehrern vorschreibt, zu verletzen.

Von der Erfindung an verlassen uns die längste Zeit alle Spu-

---

* Herodot. L. II. p. 70. und 82. Edit. Hen. Steph. fol.
** Sanchuniat. apud Euseb. Præpar. Evangel. L. I.

ren in der alten Welt, welche uns über die Schicksale dieses Alphabetes in Aegypten, Phönikien oder Syrien, einen Aufschluſs geben könnten. Nur soviel sehen wir aus alphabetischen Gesängen der Juden, die gegen hundert Jahre, ein Paar Decennien weniger, vor Kyrus verfasst wurden, daſs damals alle 22 Zeichen vorhanden waren, und daſs sogar das Vau schon den fünften Platz in der Reihe der übrigen eingenommen hatte. *

Dieser lezte Umstand ist unserer Aufmerksamkeit würdig. Das zweyte Alphabet der Griechen mit 22 Buchstaben, wovon sie aber nur 18 zum Schrift - die übrigen zum Zahlgebrauche verwandten, hatte dem Vau, Digamma, oder ϒ, nur den hintersten Platz vergönnet; es stand noch hinter dem Thau, und war nicht in die fünfte Stelle eingetheilt, wie wir es in diesen palästinischen Liedern finden. Wir sehen daraus, daſs dieses Alphabet früher zu den Griechen gekommen ist, zur Zeit, als diese Eintheilung im Orient noch nicht geschehen war; also zum wenigsten hundert Jahre vor Solon, dem Zeitgenossen des Kyrus. Und vermuthlich haben sie auch schon mit dem ersten minder zahlreichen Alphabete von 15 oder 16 Zeichen etwas geschrieben, was einige Jahrhunderte eher geschehen seyn dürfte, bevor man an den Gesezgeber Athens dachte.

Mehr Aufklärung könnten uns über die Geschichte der pönischen Buchstabenschrift zwo alphabetische Elegien geben, die in der Liedersammlung des jüdischen Volkes sind, wenn wir ihr Zeitalter genau bestimmen könnten. Beyden ist noch das Vau, επισημον βαυ, oder Digamma unbekannt, und sie wiederholen statt

---

* Klaglieder des Jeremia.

desselben nach dem Thau den Buchstaben Pi. * Man gebrauchte ihn dem zu Folge in zweyerley Hinsicht, als Pi und als Fi, bis zur lezten Bestimmung ein eigenes Zeichen da war, welches man als Fi, und zum Tone O und U anwandte, wie die Griechen ihr Υ für ᶎ gebrauchten, und dann in allen jenen Fällen für O und U, wo in phönikischen Wörtern das Vau als O oder U vorkömmt; wie Aschur ασσυρια, Kinnor, κινυρα, Zor, τυρος u. d. gl.

Allein, wie gesagt, ähnliche zerstreute Data, die wir aufsammeln könnten, um sie anzureihen und durch Schlüsse zu verbinden, sind nicht vorhanden, und wir sehen uns am Ende unserer analytischen und blos komparativen Betrachtungen. Es ist nur noch eine, aber eine sehr bedeutende Frage, über die wir ohne Zuziehung historischer Berichte Auskunft geben können, zur Beantwortung übrig; sie betrifft das Schreibmaterial. Man ist darüber in keiner geringern Dunkelheit, als in Ansehung der Schriftzüge selber.

In Aegypten grub man Dinge, die des menschlichen Andenkens würdig waren, auf Steine, und so auch unter andern Völkern. Das beschwerlichste Material war für die beginnende Kunst das erste; ein Beweis, daſs man schon einen Gebrauch von dieser künstlichen Erhaltung des Wissenswürdigen gemacht habe, bevor es mit stubengelehrter Behaglichkeit geschehen konnte. Man dachte sogar nicht an die Beschwerlichkeit, weil man die Bequemlichkeit nicht kannte. Auf Obelisken, in unterirrdischen Gängen, und auf den Wänden der Tempel stehet sogar manches

---

* Psalm XXV. und XXXIV. vergl. über die alphab. Psalmen 25. und 34. von Hasse in Eichhorns allgem. Biblioth. der bibl. Litterat. VIII Bandes 1. St. S. 42. f.

Buch geschrieben, oder soviel, dafs es auch ein Buch seyn könnte, wenn wirs umsetzten in unsere Buchdruckertypen.

Freylich trugen nicht alle Völker Berge zusammen, um Bücher daraus zu machen. Die Phönikier namentlich hatten andere Hülfsmittel, über die wir zwar nicht geschichtlich, aber doch nicht unzuverlässiger unterrichtet sind. Die Belehrung darüber liegt in ihrer Sprache. In der Sprache eines Volkes sind oft viel ältere Nachrichten verborgen, als die Existenz aller Lieder und Geschichten; nicht selten giebt sie uns Aufschlüsse über jene Zeiten, in denen die Menschen sich selber nicht einmal beobachteten, viel weniger beschrieben. Sepher, ספר, ist bey ihnen ein Buch. Der Ausdruck stammet von dem Wurzelworte سفر, ܣܦܪ, welches Schaben bedeutet, oder Scheeren; سَفَرَة, eine Haut, eine Decke von Fellen, und ܣܦܪܐ die Scheere lauffen paralell von derselbigen Wurzel aus. Man schrieb also bey ihnen auf ein geschabenes Stück Haut, bevor man noch an einen Attalus dachte, der das Pergamen raffinirte.

Auch die Jonier nannten von alten Zeiten her die Bücher nur Felle, wie Herodot sagt, denn sie schrieben, als die Biblos noch seltener war, auf Häute der Schaaffe und Ziegen, wie es viele barbarische Völker noch in seinen Tagen thaten. *

Der gemeingriechische Ausdruck ist βιβλος, βυβλος. Die Pflanze, der sie diesen Namen gaben, war sehr frühe unter ihnen bekannt; sie wussten sie schon in den Zeiten des trojanischen Krieges zu verschiedenen Endzwecken zu verwenden. Odysseys hatte

---

* C. V. p. 194. Hen. Steph. fol.

hatte in seinen Schiffen schon βυβλινα οπλα, die wohl schwerlich durch den ägyptischen Handel dahin kamen. Das Wort, mit welchem sie nachher ein Buch bezeichneten, war also mehrere Jahrhunderte vor Amasis in der Sprache, durch welchen die Griechen die nilotische Byblos zuerst in besserer Zubereitung und Menge bekommen haben sollen. Wenn die Pflanze früher gekannt, benuzt und bearbeitet wurde, von welcher ein Buch seinen Namen hat, so ist es wenigstens eine starke Zumuthung, wenn wir uns überreden sollen, das Buch habe nur von der nilotischen, die lange nachher in Umlauf kam, seinen Namen erhalten können.

Aber gesezt auch, wird man uns sagen, das höchste Alterthum habe auch einiges geschrieben, so verfertigte es doch wohl schwerlich ganze Bücher, wie wir unter weit bequemern Zurüstungen und einer vollkommenen Buchstabenschrift? Wie man es nimmt; gerade wie wir wohl schwerlich. Wenn wir bey den 48 Büchern der Illiade und Odyssee 48 Oktavbände denken, so war das auch für das Zeitalter des Pisistrat und selbst für jene spätere Tage, wo diese Eintheilung gemacht wurde, schon erschrecklich viel, in den Tagen Homers aber völlig ungedenkbar. Aber wir sehen doch, dafs ein Buch kein so fürchterliches Ding war, weil wir deren 48 in einem Duodezbändchen sehr bequem in der Tasche herumtragen.

Ein Buch, ein Sepher, war beym Phönikier nicht mehr, als auf eine Haut gieng, und ein Biblos gerade soviel, als auf ein Blatt von gewöhnlicher Dimension von dieser Pflanzenschäle, und ein Liber, was auf ein übliches Stück Bast gebracht werden konnte. Das war also sehr wenig und doch ein Buch. Die gar nicht dickleibgte Geschichte Herodots, wenn wir unsere Versio-

F

nem latinam, notas variorum, lectionis varietatem, præfationem et indices wegnehmen, bestand doch aus 9 Büchern, das ist aus 9 Biblusblättern, oder aus 9 Ziegenhäuten, in allem aus 9 Rollen von Papyros oder Fell, und wer ein solches Blatt, eine solche Rolle überschrieb oder besass, der schrieb oder besass wirklich ein ganzes Buch. Wie könnten wohl anders einige aus den Alten hundert und noch mehrere Bücher gemacht haben? Sie müssten Polygraphen gewesen seyn, dergleichen in unsern bücherreichen Zeiten wohl wenige leben.

Wir können uns also bescheiden, wenn man uns mit dem Worte Buch ängstigen will. Nur soviel war zur vorläuffigen Berichtigung dieser Vorstellung nöthig, um nicht im Fortgange unserer Untersuchungen durch diese Schreckensidee so vieler Menschen gestöhrt zu werden.

Und nun verlassen wir diesen unfruchtbaren Boden, auf dem nur sparsam hie und da eine Pflanze dem Wanderer begegnet, oder eine Blume zum pflücken, und besuchen die schönern und bebautern Gefilde des griechischen Alterthummes.

Da wir im Vaterlande der Buchstabenschrift und an der Quelle nichts weiter entdecken können, was über die Zeit der Erfindung und ihren ältesten Gebrauch etwas an Handen gäbe, worauf sich die Kritik mit Vertrauen stützen möchte, und gerade dieses diejenige Frage ist, über die man vorzüglich im Reinen seyn sollte, um den ersten Anfang der Litteratur festzusetzen, und darnach die vorhandenen Produkte derselben zu würdigen, welche auf ein besonders hohes Alterthum Anspruch machen, so müssen wir in Griechenlande Erkundigungen darüber anstellen, wo unterschiedliche Nachrichten über diesen Vorwurf im Umlauffe waren. Hier kommt uns der Ruf und vielfältige Versicherung von einem ungemeinen Alterthumme der Buchstabenschrift entgegen. Indessen hat man uns das alles schon in Anspruch genommen, und wir können nur mit Mühe unsere Argumente, und auf vielerley Umwegen erwerben. Dieses ist darum gesagt, dafs niemand so unbillig sey, dieser Schrift den Vorwurf zu machen, als wäre sie aus sehr fremdartigen Materialien zusammengesezt. Sie musste sich desswegen oft zu Erörterungen verstehen, die beynahe zu eigenen Abhandlungen erwachsen sind, und in weitschichtige Nebenfragen eingehen, um auf das zu kommen, woran uns eigentlich gelegen war, oft etwas Grosses beweisen, um etwas Kleines zu lernen. Permittamus igitur vela ventis, et oram solventibus bene precemur.

Kein Volk darf sich rühmen, so grosse und herrliche Seelen in Menge in seiner Mitte gesehen zu haben, wie die Griechen. Die Natur that aber auch vieles für sie. Sie hat sie hingelegt an die Nähe Asiens und Aegyptens, wo zuerst die Strahlen einer schönern Bildung über unser Geschlecht aufgiengen; sie nahm sie gegen den Druck des morgenländischen Himmels in Schutz, und gegen die weit schwerere Last des Nordens, wo der Kampf mit allen Elementen die Menschen Jahrtausende beschäftigte, um sich der ersten Bedürfnisse der thierischen Erhaltung zu versichern, und langsam jene glückliche Musse zu gewinnen, an ihre vernünftige Anlagen denken zu können, und an ihr eigenes Herz. Es sind deswegen Männer genug hier, um Epoche zu machen; aber unter diesen kann es nur den erhabensten Geistern gelingen, neben vielen Gestirnen vor allen zu glänzen. Wer hat so einfach, fein und wahr empfunden, und so richtig gedacht, wie sie? Wäre ihnen die Phantasie, die sie aus der Rohheit Anfangs erzogen hat, nicht oft zwischen die Wissenschaft getretten, so hätten sie andern wenig zu thun übrig gelassen. Allein das gehet uns für izt nichts an; wir haben sie nur als schreibende Menschen zu betrachten, und werffen nur in so weit einen Blick auf ihre übrige Bildung, in wie weit es zu dieser Erörterung nothwendig ist.

Um aber diese Aufgabe von Zeitalter zu Zeitalter glücklich zu verfolgen, müssen wir von unten anfangen, und von da aus uns allmählig in die dunklere Zeiten hinauf erheben, das Licht von da aus mitnehmen, um die Finsternisse des Alterthummes zu erheitern. Wir fangen an von dem Gesetzgeber Atheus, gehen dann zu jenem von Sparta; bald treffen wir auf diesen Wegen die Bewunderung aller Zeiten, den mäonischen Sänger, und nähern uns hierauf selber dem trojanischen Kriege. Endlich wenden wir unsere Augen noch einmal nach Phönikien und Aegypten zurück, woher die griechische Bildung ausgegangen ist.

Zeitalter Solons.

Um die Zeiten des athenischen Gesezgebers thun sich mehrere Erscheinungen hervor, welche den Zustand der Schreibekunst nicht sehr prächtig ankünden. Wenn man diese nun aufsammelt, zusammenstellt, und als Data betrachtet, aus denen wir uns die Ansicht seiner Tage zu machen haben, so haben wir nicht Ursache, grofs davon zu denken. Allein ob diese Data wohl gewählt sind, und vollkommen der Bestimmung entsprechen, welche ihnen die Gelehrten zumuthen, die sich aus denselben die

Idee von der Schreibfertigkeit dieser Epoche zusammensetzen, ist eine Frage, über die sich noch reden lässt.

Die Axones und Kyrbeis, und der ganze noch dunkle Mechanism, durch welchen er seine Gesetze dem Volke öffentlich ausstellte, sind wenigstens nicht dazu geeigenschaftet, uns eine Vorstellung von dem Schreibmaterial, seiner allgemeinen Brauchbarkeit oder Bequemlichkeit zu geben. Wer etwas daraus erschliessen wollte, würde sich um nichts besser benehmen, als wenn er die wissenschaftlichen Werke eines andern Volkes daher in Abrede stellen wollte, weil es unlängst noch die Grundgesetze seiner Verfassung auf Marmor schrieb. Könnte man nicht auch desswegen nach tausend Jahren das Daseyn der Buchdruckerey, oder des Lumpenpapiers in Anspruch nehmen?

So ist es auch mit den Hermen des Hipparch. Wer in ihnen die Encyklopädie Athens sucht, ist eben so daran, als wenn man aus den Meilenzeigern ermessen wollte, welche Höhe die Bildhauerey in einem Lande erreicht habe. Wenn man aber den erhabengesinnten Kekropiden, um dem Argumente eine Kraft zu geben, nicht einmal zutrauen will, daſs sie im Stande waren, diese Sentenzen zu lesen, so ist dieses etwas mehr als unparteiisch: daſs man im Alterthumme diese Bedenklichkeit nicht hatte, ist sogar gewiss. Der Dialog unter den platonischen, welcher uns den ältesten und ausführlichsten Bericht über diesen Gegenstand gegeben hat, versichert, daſs es dabey nicht auf die Bürger Athens abgesehen war; sondern einzig auf das Landvolk, welches die Stadt besuchte. Sie sollten im Fürbeygehen daraus Grundsätze des Lebens erlernen, und Wahrheiten zur moralischen Verbesserung; woraus man allenfalls schliessen könnte, daſs damals auch den Bauern in Attika die Buchstabenschrift nicht ungeläufig war.* Sie dürfte aber in einem Staate wohl lange vorhanden gewesen seyn, bis sie sich auf das Land zerstreute, unter Pflänzern und Ackersleuten Aufnahme fand, oder nur Aufmerksamkeit erwarb, von den Vorkehrungen zum Unterrichte nichts zu reden, die dazu nothwendig waren.

Aber eine andere litterarische Begebenheit fällt mit der Gesezgebung Athens in eine Periode, welche für das Daseyn grösserer schriftlicher Aufsätze und ganzer Bücher keine günstige Erwartungen erreget. Es ist die Einführung der Prosa. Mit ihr erst fangen Bücher und weitläufigere Aufschreibungen an unentbehrlich zu werden. Lieder und Gesänge theilen sich von Mund zu Munde mit, und durchwandern die Pfade der Zeit auch glücklich unter solchen Völkern, die nie eine schriftliche Aufbewahrung kannten. Dieses bringt ihre eigene Beschaffenheit mit sich; aber die Prosa hat nicht jene leichte Bewegung, den gleichförmigen Gliederbau, welcher dem Gedächtnisse nachhilft, nicht die Anmuth, die den Lernenden locket und hinreisst, nicht die Verwandtschaft mit dem Ausruffe der Frohheit und Belustigung, wie der Gesang, der nur ein gebildeterer Anklang der Freude ist, und auch nicht jene Fasslichkeit in Ansehung des Gegenstandes. Sie sind beyde wie die gesellschaftlichen Zustände verschieden; wie die sorgenlose Munterkeit des einfachen Naturlebens, und der Ernst der überlegten bürgerlichen Verfassung.

---

* ἐπειδὴ δε . . . . ἐπιβλευων αυ τας εν τοις αγροις παιδευσκαι, εστησεν αυτοις Ερμας κατα τας οδας εν μεσω τα αστεος, και των δημων εκαστων . . . . . ἐπειτα παριοντες ανω και κατω, και αναγιγνωσκοντες, και γευμα λαμβανοντες αυτα της σοφιας, φοιτωεν εκ των αγρων και επι τα λοιπα παιδευθησομενοι. Plat. Opp. T. V. Bipont. p. 262. 63.

Man hatte eine Sprache des gemeinen Lebens, eine Sprache der Unterredung und öffentlichen Verhandlungen, in denen man sich geradezu, schmucklos und bestimmt erklärte, und hatte keine Prosa. Dieses kann nichts anderes heissen, als es waren bisher alle Wissenschaften in den Händen der Dichter: die Geschichte, die Haushaltungskunst, Moral und Politik. Darinn liegt gröstentheils das Geheimniss jenes unerklärlichen und unnachahmlichen Schönheitsgefühles bey einer ganzen Nation in Dingen der Litteratur und Bildnerey. Die Dichter waren die Pflegeväter alles Würdigen, was bisher die Menschen gewusst und gedacht haben; in den Blumengefilden ihrer lieblichen Phantasie wuchsen die strengern Wissenschaften auf, und behielten immer die Spuren ihrer schönern Abkunft, so wie der griechische Geist von seinen ersten Lehrern jene feinere und freundlichere Weise zu denken und zu empfinden, durch die er sich von allen andern Völkern ausnimmt. Diese gefälligere Stimmung ergoss sich selbst über die Werke der Spekulation, und ihre philosophische Erzeugnisse wandeln bey weitem nicht so reizlos, wie die nordischen als skeletisirte Körper unter den Menschen umher. Daher sollen die Dichter Achtung haben für ihre Lorbeere, denn sie sind dafür, jeder derselben dem Genius seines Volkes, verantwortlich.

Aus dem Zerfalle der Dichtkunst entstand die Prosa. Man thut den Griechen zu viele Ehre an, wenn man es der Kraft ihres Genies beymisst, dafs sie die Fessel des Sylbenmaasses zerbrachen. Ihre gesellschaftlichen Einrichtungen hatten sie mehr zum Ernste gestimmt und ihr Herz von dem unbefangenen Antheile an der Natur auf das Interesse bürgerlicher Angelegenheiten geheftet. Als die Poesie ihren leichten Aufschwung verloren hatte, so wurde sie nach dem innern Gehalte zur Prosa, und wenn die Kunst des Rhythmus in diesem Maasse sank, wie die Dichtung selber, so war es Zeit, den Versebau wegzuwerffen.

Da wo es nun die Kykliker gelassen hatten, fieng die Geschichte an, und die historischen Werke des Hekatäus und Hellanikus von Lesbos waren nicht viel anderes, als kyklische Erzehlungen ohne Sylbenmaas, die vom Ursprunge der Welt und der Götter anhoben, und in ihren Tagen oder sonst mit einem beliebigen Abschnitte endeten. Von daher giengen auch aus die ersten philosophischen Theorien über den Ursprung des Weltalls. Man unterschob nur den dichterischen Geogonien physikalische Vorstellungen, und brachte statt des Hephästos, Juno, Poseidon, Chronos, Feuer, Luft, Wasser, Zeit als die Elemente in Vorschlag, aus denen das Ganze geworden ist. So sehen ungefähr die Theorien aus, welche einige aus den sogenannten sieben Weisen aufstellten, und die Philosophie berief sich sogar noch lange auf die Dichter, als Authoritäten, die den Mangel der Experimente und Beobachtungen ersetzen sollten.

Diese sieben Weisen, die in den Zeitraum der werdenden Prosa fallen, haben aus dergleichen Versuchen zur Hervorbringung der Wissenschaft jenen glänzenden Namen erhalten, und die Bewunderung ihres Vaterlandes, nicht aber aus den wenigen Sentenzen, die von ihnen übrig sind. Es ist ein ganz falscher Gesichtspunkt, aus dem wir ihre Einsichten überschauen wollen, wenn wir uns einzig an diese Sprüche kehren. Das war es allenfalls, was der gemeine Mann von ihnen gemerkt, der Nachbar gehört und behalten hatte, der sich in ihre andern Spekulationen nicht finden konnte; Homer hatte lange vor ihnen hundert schö-

schönere Sprüche gesagt, als diese sind. Vorzüglich dachten diese Männer auf gesellschaftliche und legislative Verbesserungen und legten den Grund zur Politik, andere arbeiteten in der Geometrie und Astronomie, oder in andern Zweigen des menschlichen Erkenntnisses. Dahin gehören auch die Grammatik und Kritik; denn man muss die Bemühungen des Onomakritus um die Gesänge des Orpheus und Musäus oder jene der Pisistratiden um den Homer nicht als den Anfang der Schreibekunst betrachten, sondern als kritische und philologische Unternehmungen, die von Regeln des Geschmackes und des Kunsturtheiles geleitet wurden, wenn sie auch noch nicht vollkommen entwickelt, und in Lehrgebäude gebracht waren. Wir sehen dieses an den gleichzeitigen Arbeiten des Theagenes von Rhegium, der ebenfalls eine Diordose des Homer unternahm, oder wohl gar einen Commentar über den Dichter verfasste, was eine weit grössere Schriftfertigkeit und einen schönern Fortgang in den Verrichtungen der Philologie voraussezt.

Es ist klar, dafs vor Einführung der Prosa kein eigentliches methodisches Buch da war, kein wissenschaftliches Werk, weil man noch keine strenge Wissenschaft hatte; aber daraus folgt bey weitem noch nicht, dafs gar keines existirte. Es konnte auch mancher Gesang von Dichtern aufgeschrieben seyn, und auch das war ein Buch. Wir haben es schon bemerkt, dafs wir uns keine so furchtbare Idee von einem Buche zu machen haben, wenn man von ältern Zeiten spricht. Ein Biblosblatt, ein Bastblatt, eine Ziegenhaut, war ein Sepher, ein Biblos, ein liber, kurz ein Buch; wer so ein Blatt und Fell im Hause hatte, war allerdings der Besitzer von so einem Dinge, vor welchem oft die

Schulen erzittern. Es ist auch nicht nöthig, um das Alterthum im Besitze eines Buches zu denken, dafs man diesem Gedanken auch den Zusatz beyfüge: es müssen wohl alle Sterbliche geschrieben haben. Wahrscheinlich war diese Kunst das Antheil von Wenigen, und die Anzahl derer, die sie übten, war vielleicht nicht grösser, als heut zu Tage die der Zeichnungsverständigen, oder derjenigen, welche mahlen; aber diese genügten, um manches Buch zu Stande zu bringen.

Wie war es wohl möglich, dafs man vor Einführung der Prosa ohne Buch (dieses Wort im Sinne der Alten genommen) gewesen ist? Von den Tagen Homers eröfnet sich eine liederreiche Epoche; der Dichter hatte seine epische Begeisterung vielen mitgetheilt. Er verdunkelte zwar alle neben sich; aber man half sich durch seinen Namen, brachte sie durch diese Empfehlung in Umlauf, und einige derselben, deren innerer Gehalt nicht zu tief unter dem herrlichsten der Dichter war, sogar in Ansehen.

Es kamen aus diesem Zeitraume bis auf Solon und Pisistrat und selbst in weit spätere Zeiten so viele Produkte der epischen Muse von einem bedeutenden Umfange herab, und so viele Werke anderer Dichter, dafs ohne frühe schriftliche Aufbewahrung zwey Drittheile derselben im Lauffe der Zeit hätten untergehen müssen, wenn auch ganz Griechenland immer gesungen hätte, und alles mit Auswendiglernen, mit Lehren und Unterrichten beschäfftigt gewesen wäre.

Ausser der Illiade und Odyssee, deren Gesänge zahlreich genug sind, die stärksten und glücklichsten Gedächtnisse hinlänglich mit Arbeit zu versehen, war der μαργειτης, ein komisches

Heldengedicht des Mäoniden, der sich lange erhielt; * dann die επιγονοι, oder die Verstöhrung von Thebe, die kyprischen Lieder, τα επη τα κυπρια, die νοσοι, die Eroberung Oechaliens, Οιχαλιας αλω- σις, was die Kritik einem verunglückten Zeitgenossen Homers zuschied, ** die kleine Ilias, lauter Epopeen und Werke von einem grossen Plane, derer jedes eine beträchtliche Anzahl von Gesängen begrif. Dieses lezte, was vielleicht das kleinste war, die kleine Illiade, fasste wenigstens acht Haupthandlungen in sich, wie sie uns Aristoteles aufzählt, die schwerlich in acht Gesängen, wie wir sie izt im Homer haben, ausgeführt wurden. *** Vermuthlich hatten die Tragiker noch mehrere Epea vor sich, aus denen sie ihre Sujets nahmen, in denen sie von Homer abgiengen und andere Traditionen befolgten. Ausser ihnen waren noch die hesiodischen Lieder, die des Orpheus des Krotoniaten, und die des Musäus, welche die Kritik unter Pisistrat wieder berichtigte. Wenn es auch nach der Meinung derjenigen, welche die Alten mit einem ausserordentlichen Gedächtnisse ausstatten, ein ehrbares Stück Arbeit bleibt, die Iliade und Odyssee einzig im Kopfe herumzutragen, und in diesem Behältnisse durch einige Jahrhunderte zu fristen, so dürfte man mit Anstand fragen, ob man auf diesem Wege auch eine ganze Bibliothek zur Nachwelt fortgepflanzt habe?

Allein wird man entgegen bemerken; es handelt sich hier um das Zeitalter der Schreibekunst unter den europäischen Grie-

---

* Aristoteles de art. poet. C. 4.
** Callimachus apud Strabonem Geogr. L. XIV. p. 429. Edit. Casaubon. Genev. 1587.
*** Aristot. art. poet. C. 23.

chen. Die Asiaten mochten schon länger einiges geschrieben haben; aber jene erschwangen sich erst in dem Zeitalter Solons zu dieser Kunstfertigkeit. Setzen wir nun, wir würden einen atheniensischen Schriftsteller finden, welcher von den Tagen Solons und Pisistrats eben nicht sehr weit entfernt, und dazu ein ungewöhnlich unterrichteter Mann war: setzen wir, daſs wir einen solchen Zeugen aufführen könnten, welcher sogar die europäische Schreibekunst als ein Erkenntniss des heroischen Zeitalters im ersten thebischen Kriege, beynahe zwo Generationen vor dem trojanischen, betrachtet, so werden wir uns wenigstens überzeugen, daſs man unter Solon und den Pisistratiden nicht erst in Besitz derselben gekommen ist; wir werden uns selbst noch zu etwas mehr verstehen müssen, wenn wir seine Authorität erwogen haben.

Dieser ist Aeschylus. Im Trauerspiel Sieben gegen Thebe macht er eine ausführliche Beschreibung von den Helden, welche diese Stadt bedrängten, und von ihren Waffen. Ihre Schilde waren mit grässlichen Zeichnungen bedeckt, und jeder der Führer hatte eine geschriebene Devise darauf gesetzt, welche dem Feinde sein nahes Verderben ankündete. Das Haupt der Unternehmung war zwar aus dem kadmeischen Hause, dessen Stammvater nach andern Berichten die Buchstabenschrift nach Böotien brachte; aber die theilnehmenden Fürsten waren aus Argos, Aetolien und andern Provinzen Griechenlandes.

Wie konnte sich Aeschylus so weit vergessen, und sich so blos geben vor den Augen eines Publikums, was oft strenge über den Werth seiner Stücke erkannte, wenn man erst unter Solon und Pisistrat im europäischen Griechenlande mit der Buchstabenschrift bekannter worden war? Er war ja unter den Pisistratiden gebohren, hatte unter ihnen gelebt, und führte vor ihren Zeitgenossen seine Stücke auf. Der dritte und lezte von ihrem Geschlechte war im persischen Heere bey der Schlacht von Marathon, * und diese, wie jene bey Salamine, hatte unser Dichter gegen ihn und die Perser mit nicht geringem Ruhme der Tapferkeit mitgefochten.

Aber er war ein Dichter. Allerdings: allein hat nicht das Andenken der Weltbegebenheiten einzig im Geiste der alten Dichter fortgelebt, bis die Muse der Geschichte gebohren wurde, ihre Aufbewahrung besorgte, und der Poesie ihr bisheriges Gebiet wegnahm. Von dieser Zeit an schweifte sie erst im weiten Gefilde der Fiktion umher, und verlor allmählig ihre Stimme in Ansehung der Weltereignisse.

Wir müssen sodann das Entstehen der Tragödie mit in Ueberlegung ziehen, um uns zu überführen, wie viele geschichtliche Achtung diesem Dichter gebühre. Er war es, der sie vom Karren des Thespis herabnahm, ihr den Reitz der Kunst gab, und jene wilde Würde, die sein Charakter selbst hatte; er schaffte den bachischen Gesang weg, und die ausschweiffende Dithyrambe, und machte die Thatserzählung, die Thespis als Episode dazwischen gesezt hatte, um seinen Sängern Zeit zum Ausruhen zu lassen, zur Hauptsache. Von nun an wurde sie eine faktische Vorstellung, hatte aber ihre edlere Bildung einzig der Epopee zu verdanken. Aus ihr wurden Handlung und Innhalt genommen, und sofortan lagen der Tragödie Epea zum Grun-

---

* Thucidid. L. VI. C. 5.

de, so dafs man es als eine Verbindlichkeit des Dichters, und als ein Gesez des Trauerspieles betrachtete, und die Tragödie aus der Epopee, so wie die Komödie aus dem scherzhaften Heldengedichte, und von den Jambikern vor Alters ableitete.

Der Urheber dieser Verbesserung, Aeschylus, hieng noch vorzüglich strenge und gewissenhaft am alten Epos, und erkannte das Recht noch nicht, welches die spätere Dichter an die Fiktion zu haben glaubten. Er stellt daher die Mythen und Ereignisse der Vorzeit gröstentheils ohne Dichtung hin, bildete und suchte noch keine künstliche Verwiklungen, um die Gemüther zu spannen, und durch die Entwicklung zu reitzen und zu ergötzen, sondern versprach sich einzig die Theilnahme von dem historischen Werthe des Gegenstandes aus dem Bewusstseyn, dafs das darstellende Epos kein geringeres Interesse haben könnte, als vormals das gesungene. Alles, was er für erlaubt hielt, war die Schilderung und das Spiel der Leidenschaften, wodurch er seine Spannung und Abspannung, Knoten und Auflösung erzielte. Wir haben also an ihm noch einen geschichtlichen Dichter in Sachen und Vorstellungen der alten Welt.

Wollte man aber auch noch die Ausnahme machen, dafs diese überschriebenen Schilde mit dem Hauptfaktum nicht nothwendig zusammenhangen, und dafs mit aller Achtung, die er für das Epos hatte, doch die Ausmahlung der Umstände in den Grenzen seiner Macht geblieben sey, so wollen wir uns darüber nicht streiten, in wie ferne die epische Erzählung, die zum Grunde liegt, diese Nebensachen und Umstände mitgebracht haben müfste. Aber gewiss ist es, dafs auch diese in so weit historisch sind, als sie der Zeit und den Personen nothwendig angemessen seyn

müssen; und daſs ihre Anordnung von den geschichtlichen Einsichten des Poeten geleitet wird, und alle Ansprüche auf seine
Schuldigkeitsleistung in diesem Falle hat. Es kömmt also darauf an, in wie ferne er das Vermögen zur Erfüllung dieser Fode-
rung und die Gelehrsamkeit hatte, und die Bekanntschaft mit den
Kunden und Erzehlungen des heroischen Zeitalters. Selten ge-
bricht es zwar an der schweren Rüstung einem Manne, der in
was immer für einem Fache eine Epoche hervorbringt: Aber
ohne diese Voraussetzung sind wir von den Studien dieses Mannes, von seinen Nachforschungen über den Zustand und Geist
der alten Welt urkundlich unterrichtet. Aristophanes, dessen
Sache es sonst nicht ist, den Leuten viele Ehre anzuthun, redet
von seiner Verwendung, Gelehrsamkeit und Kenntniss des Alterthumes mit Würde und Verehrung, und stellt ihn als Muster
eines unterrichteten Dichters mit diesen Gesinnungen vor:

ταυτα γαρ ανδρας χρη ποιητας ασκειν. σκεψαι γαρ απ' αρχης
ως ωφελιμοι των ποιητων οι γενναιοι γεγενηνται.
Ορφευς μεν γαρ τελετας θ' ημιν κατεδειξε φονων τ' απεχεσθαι.
Μυσαιος δ' εξακεσεις τε νοσων, και χρησμυς. Ησιοδος δε
τας εργασιας, καρπων ωρας, αροτρας. ο δε θειος Ομηρος
απο τε τιμην και κλεος εχε, πλην τυτ' οτι χρησι' εδιδαξε. *

Was sagen wir nun, wenn solch ein Mann, dessen Umgang
mit den Denkmälern der heroischen Zeit so eingestanden ist, schon
im ersten thebischen Kriege vor den Epigonen eine Buchstabenschrift behauptet? Welch eine Gewährschaft kömmt dadurch
dem Herodot zu statten, wenn er die Buchstabenschrift bis auf
den Anfang von Thebe zurückführt, und als ein Geschenk an-

---

* εν βατραχοις. v. 1065. seqq.

sieht, was der Erbauer desselben dem böotischen Lande und den anwohnenden Joniern machte, die es mit sich hinüber nach Asien brachten?

Bald wetteiferte der junge Sophokles mit ihm; sein erhabenes Genie überflog den Meister. Die Tragödie ist vielleicht der einzige aller Theile der menschlichen Wissenschaft und Kunst, dessen Ursprung und höchste Vollendung in eine Periode fällt, wo der Erfinder und Vollender sich kannten und hochachteten.

Auch aus ihm lassen sich mehrere Data ausheben, welchen zu Folge die Schreibekunst anerkannt wird als eine uralte Besizung Griechenlandes; aber wir wollen uns dessen freywillig begeben, weil es uns in eine andere schwere Untersuchung verwikkelte über den historischen Charakter dieses Dichters, die sich nicht so kurz abthun lässt.

Zeitalter des Lykurg.

Wenden wir unsere Blicke auf den Peloponnes, so begegnet uns Sparta als der mächtigste Staat, und Lykurg als der verehrteste Gesezgeber des Alterthummes. Er schrieb seine Gesetze nicht; ich will es glauben: nicht weil er es nicht konnte, denn das dürfte wohl etwas zu viel gesagt seyn, sondern weil er es nicht wollte. Es lag nicht in seinen Endzwecken. Verdrossen über die überhandnehmende Weichlichkeit, wollte er eine Art Naturstand des Menschen mitten in der Gesellschaft erzwingen, und berechnete alles auf körperliche Stärke, Gewandtheit, Waffen und Uebermacht. Er verstöhrte daher alle Fusstritte der Cultur und alle Mittel zum verfeinerten Lebensgenusse. Wir wissen

zwar

zwar nicht, daſs er seinen Bürgern die Schreibekunst untersagte; aber er that nichts für sie durch Unterricht und Erziehung. Xenophon bemerkt dieses ausdrücklich, und der liebenswürdigste Schriftsteller Athens erkannte sogar hierinn den Lakedämoniern einen Vorzug zu vor seinen Mitbürgern, die ihre erste Jugend unter litterarischen Uebungen zubrachten. Wenn also auch die Kunst der Buchstabenschrift da war, was in der damaligen Verfeinerung von Sparta wohl gedenkbar ist, so entgieng sie nur durch die Schätzung und Verwendung der Einzelnen der Vergessenheit. Wollte man aber daraus erweisen, daſs in Lakedämo noch keine Schreibekunst existirt habe; wäre es nicht eben so kühn, als wenn man behaupten wollte, es habe in dem Staate Lykurgs niemand die edlere Metalle gekannt, weil man bis auf Lysander nur eiserne Klumpen als repræsentativen Werth in Kauf und Verkauf hatte?

Doch war nachher Lakedämo und sein Gebiet voll von Aufschriften und Denkmalen. Leonidas und seine dreyhundert Spartaner erhielten eine rühmliche und wohlverdiente Denkschrift, und Pausanias führt uns noch viele ältere auf, als diese ist. Man kann es zwar nicht läugnen, daſs es diesem Schriftsteller an einem scharffen kritischen Urtheile im epigrammatischen Fache gebrach, wofür uns seine übertriebenen Angaben in dieser Hinsicht Belege sind.

Allein es sind noch selbst unsern Reisenden Denksteine bekannt geworden, die nahe an Lykurgus hinaufzugehen scheinen. Es ist nicht schwer zu errathen, was ich meine, daſs von den Entdeckungen des jüngern Fourmont die Rede sey. Der Gegenstand, dem ich mich unterzogen habe, ladet selbst zu einer Untersuchung derselben ein. Zwar kenne ich die Einwendungen nicht, die Paine Knight dagegen gemacht hat; aber soviel dünkt mich ist gewiss, daſs alles auf die einzige Frage ankomme: Hat sie Fourmont gefunden oder erdichtet?

Ist das Faktum richtig, hat er sie ausgegraben, gesehen, gefunden, so bleibt dem Antiquar nur die Ehre zu erklären, und Schlüsse zu ziehen aus dem, was er aus dem Schutte des Alterthums hervorgezogen hat.

Im 23ten Bande der Memoiren * der Akademie der Innschriften hat er drey Stücke ähnlichen Innhaltes beschrieben. Eine fand er zu Kalama, die zwote zu Slabochori dem alten Amiklä, die dritte zu Pharä. Sie enthalten ein ausführliches Verzeichniss der Magistrate, Heeresführer und Unterbefehlshaber nach ihren verschiedenen Classen und ihrem Range, welche gedient haben unter dem Theopompus, dem Sohne Nikanders, und Alkamenes, dem Sohne Taleklus, den Königen von Lakedämo; die dritte aber unter Theopompus des Nikander, und Polydorus, dem Sohne des Alkamenes. Die chronologische Weisungen zur Bestimmung ihres Zeitalters erhalten wir aus den Namen der Könige, derer Regierungsepoche geschichtlich bekannt ist, und diesen zu Folge gehören die Innschriften in die Zeiten des ersten messenischen Krieges, der sich im ersten Jahre der XIVten Olympiade endigte, und enthalten allem nach das Verzeichniss derjenigen, die an seiner Beschliessung und Ausführung Antheil hatten, siebenhundert und etwelche Jahre vor unserer Zeitrechnung. Diese drey Inskriptionen sind die Schooskinder Fourmonts, auf derer

---

* Die Ausgabe in 8vo.

Entdeckung er sich am meisten zu gut that, und die er selber mit allen Lobeserhebungen eines zärtlichen Vaters überhäufte.

Aber wie muss der Kenner erstaunen, wenn er hier schon das Φ, χ, ϑ, den Gebrauch der langen Vokale η und ω, und das u durch ου ausgedrückt, und alle Zeichen eines spätern Ursprunges findet? Es hinderte allem nach unsern Fourmont wenig, wie lange das jonische Alphabet von 24 Buchstaben im Umlauffe war, und wie viele Jahrhunderte nach dem angeblichen Zeitraume der Innschriften es erst eingeführt worden ist. Unglaublich! Und doch fand selbst die Akademie der Inskriptionen daran nichts auszusetzen.

In dem 8ten Bande der Historie der Akademie der Inskriptionen kommen drey andere vor als Denkmäler von Amyklä. Der Artist gab den Steinen die Gestalt von Schilden, ein bey den alten Griechen nicht ungewöhnliches Anathem in den Tempeln der Götter. So hatte Menelaus den Schild, den er dem Euphorbus bey Illion abnahm, in dem Heräon bey Mykene aufgehenkt.

Die erste derselben: Αγεσιλαs Αρχιδαμος, ist ein Denkmal des Archidamus, des Sohnes von dem berühmten Agesilas im vierten Jahrhunderte vor unserer Zeitrechnung.

Die zwote giebt uns den Taleklus als die Person an, welche das Anathem dedizirte:

ΤΑΛΕΚΛΟΣ ΤΟ ΑΡΚΕΛΑΟ ΤΟ ΑΓΕΣΙΛΑΟ
ΤΟ ΔΟΡΥΣΣΟ ΤΟ ΛΑΒΟΤΑΣΤΟ
ΕΧΕΣΤΡΑΤΟ ΒΑΓΟΣ.

In der Mitte des Schildes
ΕΧΕΣΤΡΑΤΟΣ ΑΓΙΔΟΣ

Taleklus führt seine Genealogie bis auf Echestratus zurük, und durch den Echestratus bis auf Agis den Stammvater des Geschlechtes. Er aber selbst, Taleklus nämlich, war der erste König aus dem Hause der Euristheniden nach der Umschaffung von Sparta durch den Lykurgus, und gleichzeitig mit diesem Gesezgeber.

Die dritte dieser Innschriften fällt in den zweyten messenischen Krieg, über hundert Jahre nach Taleklus. Auf dem Schilde stehen diese Worte:

ΑΝΑΚΣΙΔΑΜΟΣ ΔΕΥΚΣΙΔΑΜΟ
ΒΑΓΟΣ

Unten am Fussgestelle, auf welchem er ruhet, folgende:

ΑΝΑΚΣΙΔΑΜΟΣ ΔΕΥΚΣΙΔΑΜΟ
ΤΟ ΑΝΑΚΣΑΝΔΡΟ ΤΟ ΕΥΡΙΚΡΑΤΕΟ ΒΑΓΟΣ

Aus den zwo lezten hätte Fourmont einiges lernen können, um seinen dreyen vorhin genannten Kriegskatalogen ein antiquarisches Ansehen zu geben; er hätte sich wenigst unterrichten können, dafs man nicht immer ein ου hatte, sondern lange durch das ο seine Dienste ersezte, dafs man η nicht als langen Vokal gebrauchte, dafs man noch kein ξ besass, und bey weitem nicht alle Buchstaben, die man im Zeitalter Ludwigs des 15ten in griechischen Büchern hatte. Jene des Anaksidamus ist zu Folge des Innhaltes nur um wenige Jahre von dem angeblichen Alter der Kriegskataloge entfernt, und konnte ihm als Vorschrift dienen, wie ungefähr die Orthographie von jenen beschaffen seyn dürfte, wenn er sich nicht über alles wegsetzen wollte.

Im neun und dreyssigsten Bande dieser Memoiren endlich erscheinet auf der zweyten Tafel ein Bruchstück einer ziemlich grossen Aufschrift, die Barthelemy aus dem Nachlasse Fourmonts ausgehoben und erklärt hat. Dieses Monument Bustrophedon geschrieben zeigt uns das Alphabet noch in einem so unvollkommenen Zustande, wie es sich der Paläograph aus andern Daten und Erscheinungen vorstellen muss, wenn ihm gemäs seiner innern Beschaffenheit ein Platz unter den Denkmalen eines hohen Alterthummes zugestanden werden soll.

Diese Aufschrift, die so viele Züge der ächtalten Schreibekünst an sich trägt, und nach ihren Merkmalen das allerälteste und merkwürdigste Stück ist, was die Litteratur in diesem Fache gesehen hat, gehört nach Fourmonts Meinung in die Zeiten herab, wo die Römer Lakedämo ihrer Herrschaft unterwarfen. So hat er es angekündigt, ohne sich desshalb im geringsten zu schämen; nach diesem Maasstabe hat er es beurtheilt, und wollte es beurtheilt wissen. *

Halten wir nun alle diese Aeusserungen Fourmonts zusammen, sehen wir, was er von seinen Lieblingskindern hält, von den drey Kriegskatalogen, die vor Einführung des jonischen Alphabetes auf keinen Fall, d. i. vor der XCIV Olympiade, oder der Mitte des 4ten Jahrhundertes vor Christus geschrieben seyn können; mit wie vieler Rechtgläubigkeit er sie in den ersten messenischen Krieg versezt, wie wenig ihn der Schild des Anaksidamus aus dem zweyten messenischen Kriege mit seiner noch man-

---

* Jusqu' au tems, ou les Romains conquirent ce pays-la. Mem. de l'Acad. des Inscr. T. 39. in 8vo p. 123. M. l'Abbé Fourmont a pretendu, qu'elle descendoit jusqu' au tems ou les Romains se rendirent Maitres de la Laconie. Barthelemy. Mem. T. 39. p. 169.

gelhaften Schrift in seinem guten Glauben stöhrt, oder veranlasst, in Ansehung seiner gepriesenen Katalogen etwas zu retraktiren; und was für Meinungen er endlich über das lezte Monument aufgestellt und empfohlen hat, an welchem der mittelmässigste Kenner Merkmale eines hohen Alterthummes findet, und welches die Diplomatik schon über den trojanischen Krieg hinaufsezte: so müssen wir uns in der That über die paläographische Unschuld dieses Gelehrten verwundern und eingestehen, daſs er keine Idee von den verschiedenen Perioden der Schreibekunst hatte, oder von den Schicksalen des griechischen Alphabetes im Fortgange der Zeit. Wir müssen eingestehen, daſs er schlechtweg zu ungeschickt war, ein Falsum der Art hervorzubringen, wie das alte amykläische Dokument; daſs ihm sogar darüber, und überhaupt über Gegenstände der Paläographie gar nicht einmal ein Urtheil zukömmt.

Er hat also sicher dieses amykläische Denkmal nicht erdichtet, nicht selbst gemacht; er musste es wirklich finden, ausgraben, um es der Welt geben zu können. Und das that er, ohne selber zu wissen, was er gegeben hat. Wir können somit auf Treue und Glauben an seine Redlichkeit in diesem Falle unsere Betrachtungen darüber auseinandersetzen.

Mit dieser zerbrochenen Tafel, welche er im Tempel des Apollo zu Amyklä fand, und welche ein Namensverzeichnis der Priesterinnen enthält, die einst im Dienste des Gottes gestanden sind, hat er die Zeichnung einer ähnlichen mitgebracht, welche Barthelemy unter Einem erläutert, und auf der ersten Kupferplatte vorgestellt hat in seiner Abhandlung.

Fourmont gab diese Tafel für ein Stück der vorgenannten,

für einen Bestandtheil derselben aus, und betrachtete beyde zusammen als ein Ganzes; So, und in dieser Zusammenstellung muss er sie angetroffen haben. Denn er nimmt es als ausgemacht an, daſs beyde zusammen das Verzeichniss der Priesterinnen des Apollo vollständig darstellen von Erbauung des Tempels über Amyklas König von Lakedämo herab bis zur Eroberung der Römer.*

Dieses zweyte Stück nun ist eigentlich der Anfang des Ganzen. Es enthält den Titel: Ματερες και κοραι τυ απολλονος, und beginnt einige Glieder vor Amyklas dem Könige und Begründer von Amyklä, als hätte der Tempel sich einer frühern Existenz als die Stadt zu rühmen. In der fünften Reihe folgt erst λαοδαμεϐα αμυκλο βασιλεος ματεερ, seine Tochter als Priesterinn.

So unwidersprechlich nach dem Innhalte und der Einrichtung der Tafel die Behauptung Fourmonts zu seyn scheint, daſs sie einen Bestandtheil der vorigen ausmache, und so gewiss es sodann ist, daſs sie der Eingang und das erste Stück des Ganzen seyn muss: so sehr das alles in die Augen fällt, störht uns dennoch eine Erscheinung, welche uns einen neuen Beweis giebt, daſs Fourmont, der selbst in diesem Glauben war, unbesorgt um die paläographischen Bestimmungsgründe, und von Seite der Diplomatik ohne Arges gewesen ist. Diese Platte nämlich, welche den Kopf und den Eingang zum ganzen Verzeichnisse der Dienerinnen des Apollo begreift, hat eine viel spätere Rechtschreibung und ein merklich zahlreicheres und vollkommneres Alphabet, als

---

* Que les années du Sacerdoce des Pretreſses d'Apollon y sont marquées depuis la foundation du Temple de ce Dieu, par Amyclas Roi de Lacedemonie jusqu' au tems, ou les Romains conquirent ce pays-là. Tom. 39. p. 123. Mem. de l'Acad. des Inscr.

diejenige, welche wir zuerst angeführt haben, und welche eigentlich nur die Fortsetzung von der gegenwärtigen seyn sollte. Demnach wäre die Fortsetzung um ein merkliches älter als der Eingang.

Der Eingang nämlich (denn so wollen wir die zweyte Platte durchaus nennen) macht schon überall den Genitiv in ου, und schreibt auch schon in der Mitte der Worte den zusammengesezten Vokal ου; wo im Gegentheile die Fortsetzung (so nennen wir die zuerst angeführte Platte in Zukunft) dafür noch einzig das ο gebraucht, noch nichts von diesem fünften Selbstlauter weiss. Das υ oder Digamma äolikum gilt im Eingange ebenfalls schon als ein Vokal; der Name des Königes Amyklas ist z. B. αμυκλα geschrieben: die Fortsetzung im Gegentheil hat auch diesen Vokal weniger, und behilft sich statt dessen wieder mit dem ο. Sie schreibt αμοκελας für αμυκλας; αμομονα für αμυμωνη; σεκολα für σκυλλα u. s. w. Ausserdem, dafs der Eingang schon zween Vokalbuchstaben mehr hat, führt er uns schon durchgängig auch das χ auf, da die Fortsetzung sein Daseyn noch nicht kennet, und statt dessen das κ zu Hülfe nehmen muss.

Was schliessen wir nun daraus, da wir dessen immer mehr versichert werden, dafs Fourmont an diesen Innschriften keinen andern Antheil hat, als dafs er sie aus den Ruinen hervorsuchte; was können wir wohl anders schliessen, als was uns die Vordersätze deutlich zu verstehen geben? Nämlich dafs der Theil des Denkmales, welcher als die Fortsetzung angesehen werden muss, früher vorhanden, und einmal ein eigenes Dokument war, und dafs der Eingang dazu nachher verfertigt wurde, um dem Verzeichniss aller Tempeldienerinnen seine Vollständigkeit zu geben, und

und es bis zum Ursprunge des Tempels zurükzuführen. Wie viel das Volksgerede und die urkundlos umherschweifende Sage Antheil gehabt habe an der Abfassung der ersten Glieder dieses Verzeichnisses, können wir uns vorstellen, da sie vor Lakedämo, dem Könige und Urheber des lakedämonischen Namens, oder wenigst mit ihm anfangen.

Aber auch selbst jenes weit ehrwürdigere Denkmal, nämlich die Fortsetzung, welches selbständig und unabhängig von diesem Eingange einst für sich vorhanden war, und entschiedene Rechte auf ein viel höheres Alterthum hat, selbst dieses hat nicht überall eine gleiche Orthographie und ein gleiches Alphabet. Bis auf die 19te Linie hat es eine gleichförmige und ächtalte Rechtschreibung. Aber vom Anfange dieser Linie beginnet eine neuere Schreibart. Wir treffen zwey Vokalen mehr darinn an, als in den ersten achtzehn Zeilen, nämlich das υ und das ου, und die Genitiven geschehen durchgängig in ου; aber dennoch finden wir noch kein χ, wie wir es in dem Eingange sehen, z. B. ΣΑΛΑΜΙΣ ΤΟΥ ΑΡΙΣΤΟΜΑΚΟΥ ΚΟΡΑ. Es ist daher deutlich, daſs der Ueberrest von der 19ten Linie angefangen nicht von gleichem Alter mit den ersten achtzehn ist, sondern daſs er später in den leer gelassenen Raum dieses Steines eingegraben und nachgetragen wurde. Man könnte daher diesen Theil des Denkmales den Nachtrag nennen.

Wir unterscheiden demzufolge an diesen zween Steinen, die zusammen das ganze Monument bilden, dreyerley Alter. Der älteste Theil, die ersten achtzehn Linien des zweyten Steines, die einst für sich eine eigene Inskription waren, erkennen kein φ, χ, ξ, kein η und kein ω, kein υ als Vokal, kein ου weder im

Anfange, noch in der Mitte der Wörter. Dieser Theil ist nun die Fortsetzung.

An diesem zweyten Steine nach der 18ten Linie ist ein Nachtrag, welcher die zween Vokale υ und ου schon enthält, die der vorausgehenden Schrift noch unbekannt sind. Die Genitiven werden in ου geschrieben; nur in Mitte der Worte ist zuweilen noch das ο statt des ου beybehalten.

Der erste Stein oder Eingang ist der jüngste Theil des Ganzen. Er hat nicht allein die spätere Vokale υ und ου schon, endet die Genitiven in ου, sondern hat durchaus das ου auch in Mitte der Wörter, und zween Consonanten mehr als das Alphabet des ältern Steines, nämlich χ und ϑ.

Die zween Steine weichen auch in der Art zu zählen von einander ab. Der mit Fortsetzung und Anhang zählt die Jahre der Priesterinnen durch Buchstaben, welches gegen die Meinung von Barthelemy die ältere und von den Phönikiern erborgte Rechnungsweise ist. Der neuere, oder der Eingang, zählt nach attischer Gewohnheit durch die Abbreviaturen der Zahlwörter.

Wohin versezt sich nun dieses Denkmal selber nach der Zahlenrechnung, die es enthält, welch eine Stelle masst es sich an im Fortgange der Zeit? Das Ganze, beyde Steine zusammengenommen erfüllen mit ihrer Berechnung den Zeitraum von ungefähr 850 Jahren. Der Anfang ist einige Glieder vor Amyklas, dem Sohne des Lakedämo; das Ende müssen wir selber suchen.

Vor Amyklas zählt das Denkmal 23 Jahre. Von ihm sind es nach spartanischen und messenischen Ueberlieferungen sieben Menschenalter, oder etwa 200 Jahre bis zum Ende des trojanischen Krieges, und also einschliesslich der 23 Jahre in allem 223. Dann verflossen 80 Jahre, bis die Herakliden in den Peloponnes eindrangen, und vom Anfange ihrer Herrschaft zu Sparta bis zur Einführung der lykurgischen Verfassung 218 Jahre. Diese, die vorigen 80 und 223 zusammengenommen geben uns einen Zeitraum von 521 Jahren.

Setzen wir die 330 Jahre dazu, welche uns abgehen an den 850 Jahren, der Summe des ganzen Denkmales, so stehen wir im Jahre 550 vor Christus, in den Tagen des Pisistratus, 120 Jahre nach der Entscheidung des zweyten messenischen Krieges. Hier endet der Innhalt des Dokumentes und seine Zeitrechnung, durch welche es sich selber bestimmt, und den Zeitpunct seines Ursprunges in der Chronologie verlangt.

Wenn wir uns wieder erinnern wollen, was kurz vorhin über das verschiedene Alter der einzelnen Theile dieser Innschrift bemerkt worden ist, wo drey verschiedene Epochen ihrer Abfassung sich deutlich und auffallend ankündigten, so sind wir ganz auf das vorbereitet, was sich noch thun lässt zu einer nähern Zeitbestimmung in Ansehung jenes Theiles der Innschrift, welcher am frühesten verfertigt worden ist.

Der Stein, welcher den Eingang enthält, und die erste Abfolge der Priesterinnen, ist vermög klarer paläographischer Erweise um vieles jünger, als der andere, welcher das Verzeichniss weiter fortführt und schliesst. Dieser lezte war ein selbständiger Denkstein, dem erst nachher dieser Eingang vorgesezt wurde, ein für sich bestehendes Verzeichniss der Tempelvorsteherinnen, bevor eine spätere Hand den Eingang hervorbrachte, um es vollständiger zu machen, und bis in die Urzeiten des Volkes zurükzuführen.

Und nun an diesem weit ältern, weit kostbarern Steine, ist selbst von der 19ten Zeile an eine ganz verschiedene und spätere Rechtschreibung, als in den ersten 18 Zeilen, und dem zu Folge entscheiden kritische Kennzeichen, daſs dieser Nachtrag später hinzugekommen sey.

Wenn wir nun wissen wollen, wann jene ältere und frühere Schrift zu Stande kam, so dürfen wir nur den hinzugefügten Nachtrag, der mit der 19ten Linie anhebt, entfernen, und den Zeitraum, den er in sich fasst, in Abschlag bringen, so entdekken wir den Zeitpunkt richtig, in welchem derjenige lebte, der sie verfertigt hat. Dieser neuere Zusatz enthält eine Rechnung von 90 Jahren, welche von der ganzen Summe 850 abgezogen die Zahl 760; oder zum Jahre 550 der christlichen Aera hinzugethan, das Jahr 640 geben: etwas zu vier Olympiaden vor Einführung der blutigen Gesetze des Drako zu Athen, und dreyssig Jahre nach dem zweyten messenischen Kriege.

Dieses sind die chronologischen Bestimmungsgründe für das Hauptdokument, wenn wir den spätern Zusatz wegschaffen. Und nun nachdem das alles im Reinen ist, dringe ich nicht weiter auf diesen rechtmässigen Gewinn zu Gunsten des alten Denkmales, sondern erlasse diese 90 Jahre freywillig, und biete sie jedem zum Geschenke an, der darnach gelüstet. Zwar nicht einzig aus antiquarischer Grossmuth; sondern auch um diejenigen zu befriedigen, welche mich nach dem Beyspiele Barthelemy's mit der Muthmassung beunruhigen möchten, daſs oben an diesem Steine einige Linien verloren gegangen seyn könnten. Die Vermuthung kömmt mir indessen nicht wahrscheinlich vor, da dieser Stein aus 26 Zeilen bestehet, wo jener, der den Titel und Eingang enthält, derer nicht mehr als 24 hat. Der Grund aber, worauf Barthelemy sein Vorgeben bauet, bestimmet nichts. Es beginnet nämlich der ältere Stein mit dem Buchstaben M und einem andern unbekannten Charaktere, welche beyde Zeichen der Abt als Zahlen betrachtet, die auf einen vorausgehenden Namen zurükweisen. Nun konnten das auch weiter nichts als Monogramme seyn, welche etwa soviel sagen wollten, als ματερες το απολλονος oder το ναο. Da dieser Stein einst ein eigenes Denkmal ausmachte, wie wir gesehen haben, so ist dieses leicht möglich. Wenn aber auch oben einige Zeilen abgeschnitten worden sind, als man den ersten Theil des Denkmahles hinzuthat, denn so nach der Schnur und Linienweise bricht kein Stein entzwey, so ist leicht vorauszusehen, daſs der abgenommene Theil dieser Platte in dem ersten Theile wieder ersezt wurde; denn man gab ja dem Monumente diesen Kopf und Eingang, um das Verzeichniss vollständig zu machen, und bis in den Ursprung des Tempels hinaufzuführen. So wenig nun irgendwo eine Wahrscheinlichkeit für die Vermuthung spricht, so gebe ich dennoch diesen Erlass von 90 Jahren denen zum Besten, die anderer Meinung sind. Die Aufschrift bleibt dem ungeachtet noch eine ausserordentliche Erscheinung für die Geschichte der alten Schreibekunst und ein lehrreiches Stück für jeden Freund von dergleichen Erforschungen, wenn sie sich auch nur 540 Jahre vor unserer Zeitrechnung behauptete.

Diese Epoche ist wahrlich keine unbescheidene Anmassung des Denkmales, wenn wir den Zustand des Alphabetes in Ueberlegung nehmen. Es ist nicht nur ohne die langen Vokale η und ω, sondern auch noch ohne die Vokale υ und ου: weiter besizt es kein φ χ ξ, und alle die Verbesserungen nicht, welche gegen 500 Jahre vor Christus durch Simonides von Keos und nicht lange nach ihm durch Epicharm von Sicilien hinzugethan worden sind. Können es nun übertriebene Ansprüche seyn, wenn sich das Monument in das Jahr 540 vor unserer Zeitrechnung versezt? Im Gegentheile die Beschaffenheit des Alphabetes würde uns unabhängig von innwohnenden chronologischen Daten eben dahin oder noch weiter hinaufgeführt haben, so dafs die Zahl der Jahre, die den einzelnen Namen beygesezt sind, manchmal zu gross geworden seyn dürfte, um eine ansehnliche Hauptsumme herauszubringen, die dem Tempel mehr Ehrerbietung und von Seite des Alters mehr Würde verschaffte, was sich schon daraus zu bestätigen scheint, dafs der Eingang des Verzeichnisses wenigst bis auf Lakedämo den König, von dem das Volk seinen Namen und eigenthümliche Existenz erhielt, zurückeleitet. Hätten wir ausser Amyklas unter den Vätern der Priesterinnen weiter noch eine oder die andere ausgezeichnete Person, auf welche die Geschichte aufmerksam war, und die uns einen festen chronischen Punkt an Handen gäbe, so würden wir die Uebertreibung vielleicht durch die Zeitrechnung konfrontiren können.

Dafür gewährt uns aber eine andere Betrachtung über den Werth der Buchstaben als Zahlzeichen noch einen schönen Erwerb zum Vortheile unseres Dokuments. Wenn nämlich die Buchstaben die Stelle der Zahlen vertretten, so hängt ihr Werth von der Vollständigkeit des Alphabetes ab. In einem Alphabete, wo nur 7 Buchstaben vor dem Jod vorausgehen, ist es natürlich der achte, und folglich nur 8 im numerischen Werthe. Hernach ist aber auch κ nicht 20, sondern nur 9: λ nicht 30, sondern nur 10 u. s. w. Auf diese Weise würden wir einen ungeheuren Ge-

-winn machen, und für unsere 90 Jahre, die wir vorhin verschenkt haben, reichlich entschädigt werden, da der älteste Stein, der mit Buchstaben zählt, ein so mangelhaftes Alphabet hat.

Allein diese Summe mässigt sich sehr bey einer strengern Prüfung. Es ist wahr: der älteste Stein erkennet nicht mehr als 15 Buchstaben zum Schriftgebrauche; aber damals war schon das zweyte pönische Alphabet mit 21 Buchstaben, und vielleicht auch schon der 22te, das Υ nach dem Tau oder das Digamma, in den Händen der Griechen. Nur hatten sie es noch nicht zu brauchen, die im neuern Alphabete hinzugekommenen Buchstaben noch nicht auf ihre Sprache und gewisse Laute derselben anzuwenden gelernt. Kurz sie hatten noch nichts damit unternommen, um diejenigen Zeichen, die auch ihnen tauglich waren, mit Auswahl herüberzunehmen, die unbrauchbaren wegzulegen, oder ihnen andere zu unterstellen, welche die Einrichtung ihres eigenen Organes erforderte. Sie gebrauchten die neu erworbenen Zeichen lediglich noch als Zahlen. Wir sehen dieses deutlich daraus, daß das Κ wiederholt als Dekade vorkömmt, z. B. ΚΔ, was im ersten Alphabete, wo es nur den 9ten Platz behauptet, nicht seyn kann. Auch im Anhange erscheinet das Θ schon als Zahlzeichen.

Aber damals als die Griechen das zweyte pönische Alphabet annahmen, stand das Υ oder $επισημον\ βαυ$ noch hinter dem Τ, wo es auch bey ihnen für immer und allzeit blieb, auch dann noch als es der Phönikier schon an die 6te Stelle vor dem San oder Sain eingeschaltet hatte. Bevor aber das $βαυ$ im Orient hinter dem Τ weggeschafft wurde und seinen neuen Standort vor dem San erhielt, war der Buchstabe Jod mehr nicht als 9. Soviel war er auch damals und nicht mehr in der Zahlenreihe der Griechen, bis sie das Zeta oder Zade von dem Pi wegnahmen, und es in der Folge der Buchstaben als den 7ten Charakter ordneten. Damit war nun so weit geholfen, daſs sie im Zählen beyde wieder gleichförmig in den Dekaden zusammentraffen. So lange der Phönikier nicht diese Verfügung gemacht, und der Grieche das neu erworbene Alphabet noch gar nicht bearbeitet hatte, wie hier der Fall ist, waren im punischen nur 8 Buchstaben vor dem Jod, so auch im griechischen, und das κ oder Kaph war der erste Zehner, λ oder Lamed 20; M oder Mem 30, N oder Nun 40. Da wirklich im ältesten Theile des Denkmales wenigstens zwölf solche Dekaden vorkommen, derer jede im arithmetischen Werthe um 10 verliert, so gehen 120 Jahre in Abschlag von seiner Zeitrechnung. Um diese ist es nun älter als das Jahr 550 vor Christus, und gehört folglich ins 670te Jahr, in die Periode des zweyten messenischen Krieges.

Und dieses ist hoffentlich nicht das älteste, nicht das erste, was in Sparta geschrieben wurde. Das Geschick hat wohl seine Begünstigungen nicht so weit getrieben, daſs es uns den ersten Versuch der lakedämonischen Schreibekunst in die Hände spielte. Es war auch wirklich nicht das einzige öffentliche Denkmal dieses Zeitraumes. Im zweyten messenischen Kriege hatten die unglücklichen Besiegten ihre Dankbarkeit gegen die Arkadier zur ewigen Erinnerung auf Marmor aufgezeichnet. Von dieser Inskription erzählt nicht etwa blos Pausanias, sondern ein Geschichtschreiber, der wegen der kritischen Beurtheilung seiner Quellen bekannt ist, Polybius von Megalopol, * welcher das Epigramm
anführt,

---

* L. IV. C. 33.

anführt, und sich deshalb auf das Zeugniss des Kalisthenes beruft. Wir wissen zwar nicht, welchen Kalisthenes er gemeint hat, aber sein Zutrauen auf den Schriftsteller verschafft ihm das Gewicht, was zur Begläubigung desselben nöthig ist.

Wir haben somit einen neuen Beweis, daſs man zu Messene und in Arkadien auch schreiben und lesen konnte, und daſs diese Kunst im 7ten Jahrhunderte vor Christus im Pelopones ziemlich bekannt, und nicht erst seit einigen Jahren aufgekommen war, binnen welchen sie sich nicht so weit herum in verschiedenen Provinzen hätte zerstreuen und verbreiten können.

Schenken wir nun auch den andern Innschriften von Fourmont einige Augenblicke, die er wegen seinen vorigen Entdekkungen wohl verdient. Es sind die Schilde, die wir nun betrachten.

Der Schild des Teleklus ist in Ansehung des Zeitpunktes, den er anspricht, der merkwürdigste. Unter ihm kam die lykurgische Gesetzgebung zu Stande; er ist der erste König aus den Euristheniden in der neuen Form von Sparta. Dieser ist es, der das Anathem, wie sein Innhalt versichert, geheiligt und aufgehangen hat. Allein der Zustand des Alphabetes stimmt mit seinem Innhalte nicht sehr glücklich überein; dem zu Folge dürfte es mehr nicht als 15 Buchstaben haben. Doch hat es schon das υ als Vokal, und unter den Consonanten das χ. Aber auch hierinn ist eine sonderbare Unbeständigkeit; das χ ist nicht durchgängig gebraucht, sondern statt seiner kömmt auch das ϰ noch vor, z. B. im Worte ΑΡΚΕΛΑΟ.

Aus dem Gebrauche des χ sehen wir, daſs dieses Epigramm

sogar merklich später ist, als der Nachtrag am ältern Steine des amykläischen Verzeichnisses der Priesterinnen. Doch im Gegentheile wieder hat dieser Nachtrag schon den zusammengesezten Vokal ου, und endiget seine Genitiven alle schon auf ου, wo der Schild des Teleklus von dieser spätern Erfindung und Gewohnheit noch nichts weiss, und darinn eine Probe 'der frühern Existenz mit sich trägt. Einiges ist älter, einiges ist jünger; für beydes liegen Kennzeichen da, wenn wir es vergleichungsweise betrachten. Wenn wir aber auch das Epigramm nur an und für sich ansehen, so finden wir es mit sich selbst nicht einig: in den lezten Linien schreibt es das χ; in der ersten hält es hingegen mit der ältern Sitte, wo man von diesem Buchstaben nichts wusste, und ihn durch das κ ersezte.

So liegt alles unter einander Altes und Neues. Fourmont hatte zuverlässig so viel Besinnung, dafs er in vier Zeilen eine gleichförmige Rechtschreibung fortzusetzen wusste, sonst würde man sich der Vermuthung nur hart verwehren können, dafs ein sehr unwissender Mensch sich das Vergnügen habe machen wollen, eine alte Innschrift für unsere Zeiten zum Geschenke zu verfertigen. Der Abt war sicher dazu zu verständig, und wir müssen die Ursache weiter zurük aufsuchen. Es war also ursprünglich im Denkmale Altes und Neues untereinander; die Spuren des Alterthummes kommen aus einer frühern Schrift, die der Artist vor sich hatte, und die Spuren und Charactere der spätern Zeit trug er selber hinein. Das Verderbniss der Zeit und die Abwechslung der Schicksale, welche zerstöhren und aufbauen, trifft alle Klimate und Denkmäler

Miremur periisse homines, monumenta fatiscunt,
  Mors etiam saxis nominibusque venit.

Die Alten hatten hierinn die nämlichen Behelfe wie wir, das erneuern, kopiren, wiederherstellen. In solchen Fällen war es natürlich, daſs der Künstler die alte und ausser Uebung gekommene Schrift wieder nachbildete, aber auch eben so natürlich, daſs ihm das Alphabet und die Orthographie, an die er gewöhnt war, mit ins Spiel kam. Wo ihm nun eine doppelte Rechtschreibung gegenwärtig war, jene vergangener Alter, und die seinige, und er sich leicht aus der einen in die andere verirrte, so war das Versehen am Steine nicht mehr gut zu machen und blieb. So brachte er den neuern Vokal υ hinein, und zweymal das χ; behielt aber doch die älteste Schreibart der Genitiven in o bey, und in der ersten Linie das κ aus dem vorliegenden Originale, welches noch von keinem χ gewusst hat.

Also wäre dem Künstler eine Urschrift, aus den Zeiten Teleklos, aus den Tagen Lykurgs vor Augen gelegen? Unglaublich! Allerdings darauf führet die Beschaffenheit des Denksteines, dahin verweiset ungezwungen und kunstlos seine eigenthümliche innere Einrichtung. Wen das befremdet, der zeige die Unmöglichkeit, erkläre es anders aus Regeln, und was noch mehr ist, erkläre es aus seinen Regeln zwangloser und einfacher.

Auf die 4te Sukzession nach Lykurg macht das Monument des Anoxidamus des Sohnes des Deuxidamus Anspruch. In der Mitte des Steines erscheint wieder das kriegerische Symbol, ein schildähnlicher Umriss. Das Werk ist alt; aber für original kann ich es nicht halten. Damals hätte man ΔΕΟΚΣΙΔΑΜΟ. und nicht ΔΕΥΚΣΙΔΑΜΟ geschrieben.

Es sind nun noch einzig die Katalogen der Magistrate und Führer aus dem ersten messenischen Kriege übrig, die ich übergehen könnte, da sie mir zum Zwecke, um desswillen ich die Prüfung der vorhergehenden Inskriptionen unternommen habe, entbehrlich sind. Wenn sich die Aechtheit der ersten behauptet, welch einen besondern Gewinn habe ich noch an diesen zu erholen? Indessen ist der Gegenstand doch noch einer Nachfrage würdig, um in möglicher Kürze ein Ganzes über die Fourmontischen Entdeckungen zu bekommen.

Sie sind in Hinsicht der Paläographie so beschaffen, daſs sie der nächste beste Betrüger, dem es an jedem Unterrichte über die Schreibekunst der Alten, ihre Veränderungen, Verbesserungen und ihren jedesmaligen Zustand in den verschiedenen Perioden Griechenlandes aufs vollkommenste gemangelt hätte, gerade so und nicht anders eingerichtet haben würde. An und für sich ist also nichts, was diplomatisch für sie redet, überall nichts, was für sie spricht, als die Redlichkeit des Finders, wenn wir an sie glauben können. Selbst auch in diesem Falle fand der redlichste Mann nichts als spätere Copien, die er uns mit mehr gutem Willen als Einsicht angerühmt hat.

Wir kommen daher nothwendig, wenn die Redlichkeit oder die Einsicht eines Mannes vor der Welt aufs Spiel gesezt sind, auf die Frage: Welche von beyden sollen wir ihm nehmen? Eine infame Beschäftigung für den Litterator, sie gelte die Todten oder Lebendigen.

Da wir aber gleich im Anfange, wie wir von diesen Innschriften redeten, seine Rechtschaffenheit auf Unkosten seiner Kenntnisse vertheidigen mussten, und die Gegner der ersten nur mit Aufopferung der lezten abweisen konnten, so ist es als Nothwehr anzusehen, die wir zu seinen Gunsten ergriffen haben, um nicht beyde zugleich aufzugeben. Wir wollen nun sehen, ob sich daran nichts gut machen lässt.

Sey es, daſs er das amykläische Verzeichniss nicht nur nicht verfertigen, sondern, wie klar ist, bey weitem nicht einmal schäzen oder anständig beurtheilen konnte: sey es, daſs er über das spätere Alter der Schilde und die Merkmale desselben keine Auskunft wuſste; dagegen waren aber auch die Untersuchungen der Art auch noch nicht so weit fortgeschritten, als sie es seit dem sind. Wenn er aber diese drey Kriegskatalogen, für die er eine so ausnehmende Vorliebe hatte, hätte erdichten wollen, so hätte er es wohl schwerlich mit so vieler Ignoranz thun können, als erfoderlich war, um den Betrug so elend zu spielen, wie er gespielt worden seyn müsste. Er gieng mit zu vielen Denkmälern um, und hätte sich, wenn er irgend etwas arges der Art im Sinne gehabt hätte, leicht einige Weisungen abstrahiren können, den Betrug mit mehr Anscheine zu vollbringen. Wir müssten ihm denn nur alle Sagacität und alles Combinations-Vermögen absprechen, in welchem Falle wir durch seine andern Aufsätze wohl zurecht gewiesen würden.

Wie konnte er sich zu einem litterarischen Betruge vermessen unter den Augen des ganzen wissenschaftlichen Publikums, ohne sich nicht auch die Mühe zu geben, sich um einige antiquarische Merkmale umzusehen, die den Schwank und seinen Namen gegen die Infamie bedeckten? Gemäs seinen anderswo bewiesenen Fähigkeiten und Kenntnissen musste ihm das ein Kleines seyn. Ja es war nicht einmal möglich, daſs er sich so ungeschickt benahm, so sehr lag ihm alles vor der Hand. Reden wir nichts vom Schilde des Teleklus; aber von jenem des Anaksidamas, welcher Fürst mit dem ersten messenischen Kriege so nahe zusammengrenzt, wohin diese drey Kriegskataloge gehören; darinn lag ihm ja geradezu die Vorschrift, wie diese Kataloge ungefähr geschrieben seyn mussten. Konnte ein Mensch verblendeter seyn, als dieser Gelehrte, wenn er betrügen wollte?

Nur allein dann, wenn er nicht betrügen wollte, an keinen Betrug dachte, können wir begreiffen, wie er sich das alles nicht zu Nutze machte, und wie es möglich war, dafs er in seinen Urtheilen so inkonsequent wurde. Er hatte alles selbst gefunden, und daher hatte er auch, wie es sich gebührt, selber den stärksten Glauben davon. Es war ihm alles recht, was er gefunden hatte, denn er hatte es nicht selbst gemacht; er war in seinen Ueberzeugungen sicher, dafs es Werke des Alterthums sind, und nahm sie so wie sie sich anboten, und legte ihnen das Alter bey, welches sie sich selber zuschrieben. Sie waren in seinen Augen Antiken, die sich selber bestimmen, und daher getraute er ihnen auch nicht zu widersprechen, und wenn ihm auch Bedenklichkeiten darinn aufstiessen, wenn sie unter sich nicht harmonirten, so war er geneigter, sich selbst, als ihnen Unrecht zu geben; eher auf seine eigene Ideen, als auf sie misstrauisch zu seyn, entschlossen ihnen mehr zu glauben, als seinem eigenen Kopfe und seiner Gelehrsamkeit. Er war in dieser Hinsicht ein wahrer und unbefangener Gelehrter, der nicht den Antiken einreden, sondern sich von ihnen belehren lassen wollte. Das nämliche könnte dem ersten Litterator der Welt geschehen, der auf der einen Seite Zweifel, auf der andern Denkmäler vor sich hätte, von denen ihm das Bewusstseyn der Aechtheit so überzeugend beywohnte, wie ihm: der sie aus dem Schoosse der Erde, mitten unter lakedämonischen Ruinen herausholte. So, wähne ich, vereinbart sich seine Redlichkeit und seine Wissenschaft, und damit würde der Verstorbene, wie ich hoffe, izt selbst zufrieden seyn. In so reine und unschuldige Hände sollten alle Entdeckungen der Art fallen, damit sie die Welt ohne Zusätze und eigenmächtige Künsteleyen erhalte. Es wird hernach schon andere geben, die darüber räsonniren und deräsonniren.

Von diesen drey Denkmälern nun ist kein Zweifel, daſs sie in ihrer gegenwärtigen Gestalt nicht über 350 Jahre über die christliche Zeitrechnung hinausreichen; denn vor Einführung des jonischen Alphabetes können sie nie geschrieben seyn. Die Urschriften, welche ihnen zum Grunde lagen, und Urkunden in Sachen des ersten messenischen Krieges gewesen sind, waren daher gerade um noch soviel, um 350 Jahre älter. Denn so weitschichtige und ausführliche Verzeichnisse aller Magistrate, Führer, Unterbefehlshaber u. s. w., die daran Antheil hatten, konnten, wie leicht begreiflich ist, nicht anders als aus Innschriften und Marmorn der Zeit entnommen seyn.

Aber wie ist nicht schon im Alterthumme mit solchen Innschriften Betrug gespielt worden? So weit gieng das Misstrauen Fourmonts nicht, wie einiger unserer Kritiker; doch ist es auch eine Frage. Man könnte sie sogar zierlich herausputzen, da sich Data dafür an Handen geben. Die Geschichte der alten Kunst zeigt uns Fälle, wo zu Statuen oft später der Name eines alten berühmten Künstlers hinzugeflickt wurde. Winkelmann hatte Gelegenheit, zuweilen die spätere Schrift durch den alten Kunststil des Falsums zu überweisen; und auch andere haben dieses nicht selten gethan.

Es gieng also ungefähr wie bey uns, wo man oft zu einem

Gemälde das Monogramm oder den Namen eines alten berühmten Meisters sezt, um dadurch seinen Werth zu erhöhen, oder bey Nichtkennern Aufsehen zu machen. Aber sind deswegen unsere öffentliche Aufschriften, die Inskriptionen an Werken des Staates ohne Glauben?

Waren sie unter den Griechen ohne Aufsicht, wo sie als Dokumente der Geschichte des Vaterlandes betrachtet wurden? Wurden Innschriften nicht von der Obrigkeit dekretirt, und waren sie nicht wie alle öffentliche Werke unter der Obhut und Wachsamkeit gewisser dazu bestimmter Magistrate? Wer hat des Leonidas Denkmal, wer jenes des Duilius errichtet, wer jenes des Pausanias ausgelöscht, und eine andere Schrift darein gegraben?

Dieses ist einsweilen genug für unsere philologische Skeptiker, die etwa einen Zweifel oder eine Conjektur gegen Argumente hervorbringen, und dem Gegentheile mit einem gelehrten Gesicht die Mühe zu demonstriren übertragen. So nicht im Wege Rechtens: wer jemanden im Besitze beunruhigen will, muss mit vollen Beweisen auftretten. Das geschah sogar diesesmal unserm vortrefflichen Bearbeiter des Homer, der sonst in allem so hoch über die Menschen mit den gelehrten Gesichtern hinweg ist, die immer in einer Tasche einen Zweifel, und in der andern eine Vermuthung haben.

Bin ich nun weitschweifiger über diese Innschriften geworden, als mir überall ein guter Wille zugestanden haben möchte, so bitte ich zu bedenken, dafs keine Werke der Gelehrsamkeit, keine Geschichtbücher, keine wissenschaftlichen Erzeugnisse aus Sparta in unsern Händen sind, die mir durch Nachrichten hätten zu Hülfe kommen können, und dafs ich mich also einzig an das halten musste, was Ruinen und Trümmer anboten.

Indessen bin ich auf dem Schutte der Vorwelt bis zum zweyten und bis zum ersten messenischen Kriege hinangestiegen, und habe epigrammatische Beweise für das Zeitalter des Lykurg verkundschaftet. Wem aber diese lezte Epoche nicht genug verbürgt scheinen möchte, den muss ich noch auf einen Umstand aufmerksam machen, der zur Entscheidung nicht wenig beyträgt. Der älteste amykläische Stein reicht ohne Uebertreibung in dem Calcul bis an den zweyten messenischen Krieg, und damals als er überschrieben wurde, war den Griechen schon das zweyte phönikische Alphabet bekannt, wie wir aus dem numerischen Werthe einiger Buchstaben sehen, obschon sie es noch nicht lange genug gehabt hatten, um seine Verbesserungen für ihr Sprachorgan und die Tonschrift zu benutzen. Wenn ihnen nun damals das zweyte pönische Alphabet schon zugekommen war, ungefähr 200 Jahre nach diesem Gesezgeber, so können uns wohl keine Epigramme befremden, welche sich sein Zeitalter anmassen, denn das erste Alphabet von 15 Buchstaben hat auch seine Periode unter den Griechen durchgemacht, bis man ein zweytes im Orient hervorgebracht, eingeführt und verbreitet hatte, und bis es endlich unter die Griechen drang, und unter ihnen so viele Aufnahme fand, dafs man die neuen Zeichen wenigst als Zahlen verwendete, und zum Rechnen gebrauchte. Was können wir nunmehr einwenden gegen eine Innschrift des Teleklus, die man aus alten Trümmern von Amyklä herauszog, die zwar um vierhundert Jahre jünger ist als dieser Fürst und Zeitgenosse Lykurgs, aber unverkennbare Merkmale an sich trägt, dafs ihr ein älteres Monument, eine ältere Schrift zum Grunde lag, von der sie ein übel gerathenes Nachbild ist?

Es sind aber, unabgesehen auf das Anathem des Teleklus, Innschriften gefunden im Gebiete von Sparta, die nur um 200 Jahre jünger sind als dieser König und der mit ihm gleichzeitige Gesetzgeber; Innschriften, aus denen erhellet, daſs damals schon eine zweyte Periode der Schreibekunst in diesem Lande begann, unwiderlegliche Bürgschaften, daſs man daselbst schon lange schrieb. Wenn auch damit der Zeitraum unbestimmt bleibt, das Wie lange? nicht wie in einer historischen Aussage genau abgeschnitten ist, so ist doch gewiss, daſs, wenn uns irgend ein Wink von Seite der Geschichte dahin deutet, wenn er anders die rechtliche Meinung für sich hat, daſs er von der Geschichte gegeben ist, so leicht nicht abgewiesen werden kann.

Einen solchen haben wir wirklich in den angepriesenen Verdiensten des lakedämonischen Gesezgebers um den Homer, der noch dazu die Eigenschaft hat, daſs er für sich nicht ohne schwere Beglaubigung ist. Er soll nämlich auf seinen Reisen, namentlich in Jonien die Werke des Dichters, aus denen bisher nur einzelne Lieder unter den europäischen Griechen bekannt waren, von den Nachkommen des Kreophylus bekommen, und der erste in sein Vaterland gebracht haben. So erzählt Heraklides aus Pontus ein Schriftsteller im 4ten Jahrhunderte vor Christus; ähnlich ihm Aelian. Plutarch meint, daſs er sie dort abgeschrieben habe. * Auf diese Verschiedenheit kömmt im Grunde nichts an, ob er sie selbst geschrieben, gekauft, oder sonst bekommen habe; aber

---

* περι πολιτ. in Thes. Antiqq. gr. Gronov. T. VI. p. 2823. Plut, in Lycurg. p. 76. Steph. Aelian. H. V. XIII. 14.

darauf sehr vieles, ob diese Berichte einige historische Achtung verdienen. In Ansehung des Heraklides wird wohl niemand in Abrede seyn, sowohl wegen seinem Zeitalter, welches in keiner gar zu grossen Entfernung von der Begebenheit liegt, als auch wegen seinen andern Vorzügen. Er war ein ausgezeichneter Schüler der ersten Weltweisen, die Griechenland sah, des Plato, Aristoteles und Speusippus, und seine Schriften hatten bey den Alten eben so vielen Ruhm der Gründlichkeit als Schönheit, συγγραμματα αυτu καλλιϛα τε και αριϛα, wie Diogenes Laërtius sagt. Wir müssen auch den Plutarch nicht als den lezten Zeugen für sich selbst betrachten, der in der Entfernung der Zeiten sehr wenig zu sagen hätte, sondern als das was er ist, als einen beurtheilenden Geschichtforscher, der das historische Talent in keinem geringen Grade besass. Er ist nicht die Gewährschaft für seine Biographien, sondern die Werke des Alterthums, aus denen er schöpfte, und deren er viele ausdrücklich nennt. Zwar bezieht er sich hier auf keine Quelle durch eine wörtliche Zurükweisung; aber es versteht sich von selber, daſs er es weder ohne Bürgschaft glaubte, noch schrieb. So ist es mit Aelian; er ist Sammler und nicht die lezte Authorität, auf der seine Aussagen beruhen, obschon nichts gewisseres ist, als daſs er an historischem Geiste, Urtheil und Belesenheit diesem nicht zu vergleichen ist.

Um nun mit Anstand das Zeugniss des Heraklides, und auch die andern, denen vielleicht eben so grosse Gewährschaften zum Grunde liegen, und vielleicht grössere, um ihn und diese mit Anstand abzufertigen, und ihnen dann Vorstellungen aufzudringen, die uns muthmasslich richtiger scheinen, müsste aus den Zeitumständen wohl erhoben seyn, daſs die ihrigen in dem damaligen Zustande der Schreibekunst und der Zeiten nicht gedenkbar sind: man müsste diesen geschichtlichen Ueberlieferungen ihre Unzuverlässigkeit vordemonstriren, und nicht zumuthen; was gemäs den Spuren, die wir von der Buchstabenschrift in der Nähe dieser Tage gefunden haben, so leicht nicht seyn möchte.

Doch setzen wir uns, ohne auf die Art und Weise Rüksicht zu nehmen, wie sie das Faktum darstellen, aus den Umständen der Zeit und Sache uns selber eine Vorstellung davon zusammen; um zu sehen, ob sie ganz von der ihrigen verschieden seyn müsse. Lykurg reiset nach Asien, wird mit den Werken Homers bekannt. Daſs man vorhin in Sparta nichts von ihnen gewusst, keine einzelnen Lieder daraus gesungen habe, wird niemand behaupten. Es liegt ja das Sujet der Illiade grossen Theiles in Sparta: hier geschah der Raub der lakänischen Helena, da herrschte Menelaus, von da gieng die Unternehmung aus. Sparta und Argos waren die Hauptmacht, von daher die Häupter des Heerzuges — eine der schönsten Skenen der Odyssee liegt in Sparta — kurz das merkwürdigste Ereigniss seit dem Ursprunge des griechischen Namens bis auf den persischen Krieg liegt in seinen Ursachen, in seiner Fortsetzung und seinen Folgen in Sparta, und diese merkwürdigste Epoche der Geschichte von Sparta liegt im Homer. Der Dichter konnte für dieses Land also wohl nur eine kurze Zeit unbekannt geblieben seyn. Lykurg lernte diese Gedichte in Jonien natürlich nach ihrem damaligen ganzen Umfange kennen. Daſs er es nun der Bemühung würdig achtete, sie ganz in sein Vaterland als einen schönen Erwerb und als eine Frucht seiner Reisen mitzunehmen, ist aus dem hohen Interesse wohl glaubwürdig, welches sie für alle seine Mitbürger, für die Gegenwart und für die Zukunft hatten. Und nun konnte wohl auch der Mann, dem das Verdienst zukam, diesen Dichter, den Stolz seines Volkes, den europäischen Griechen zuerst ganz mitzutheilen, so leicht nicht dem Gedächtnisse der Menschen und der Geschichte entgehen. Und wie brachte er sie nun nach Griechenland? Er konnte sie im Kopfe mitgenommen haben, oder geschrieben, oder im Munde mehrerer Sänger, die er mitführte. Daſs er sie auf einer Reise auswendig lernte, lassen wir dahin gestellt seyn; aber während dem er sie auswendig lernte, war er wohl auch im Stande, sie einigemal zu schreiben, und wenn er sie geschrieben hatte, waren sie leichter mitzubringen, als wenn er eine Anzahl Rapsoden mitschleppte. Hätte er aber eine Anzahl solcher fremder Sänger, die in Sparta und Argos zum Unterrichte herumgiengen, eingeführt, wurden diese fremden Lehrer im Volke und in ganz Griechenland nicht bekannt genug, um in dem Ruffe und in der Geschichte nicht so völlig zu verschwinden? An und für sich bleibt es also immer das wahrscheinlichste, daſs er die Homerischen Werke geschrieben nach Europa verpflanzte, wenn man anders schreiben konnte, und wenn 200 Jahre nach ihm schon eine zwote Periode der Schreibekunst ihren Anfang in Lakedämo genommen hatte, ist auch dieses wahrscheinlich — und noch vielmehr in Jonien, woher er mit seinem Homer kam, und wo man in Dingen der Kunst und des Geistes weit vor Lakedämo und vor ganz Europa war.

Das dünkt mich sind die natürlichen Combinationen, durch die wir aus den Umständen das Faktum zusammensetzen müssten, wenn es uns auch keine Geschichte geoffenbahret hätte.

Homer.

Von Lykurg bis Homer haben wir nach beyden chronologischen Meinungen so weit nicht; und der Schritt dazu ist zum

Theile schon früher vorbereitet. Indessen sind wir entschlossen, alles bisher Gesagte zu vergessen, und die Data, welche uns eine Schreibekunst für diese Tage und selbst für die heroischen Zeiten versprechen, bey Seite zu legen, damit die Untersuchung, wenn sie unabhängig vom vorhergehenden fortgeführt wird, an neuerworbenen Gründen, und von allen Seiten an Festigkeit gewinne.

Der Zustand der Zeichnung, in so weit wir ihn aus Kunstwerken im Lager der Achäer vor Troja beurtheilen können, giebt uns kein ungünstiges Vorurtheil für ihre Geschicklichkeit zum schreiben. Denken wir die Verbesserungen hinzu, welche die Periode bis auf Homer herab (und gleich anfangs derselben die Wanderungen so vieler irrenden Helden unter allen gebildeten Völkern) beysetzte, so sind wir zu merklich grössern Erwartungen befugt. Der Schild des Achilles erheischte eine glückliche Fertigkeit in den zeichnenden Künsten. Es ist wahr, ihn hat ein Gott gemacht; aber die Menschen beschreiben das Göttliche nach irrdischen Anschauungen, und wenn sie die Einbildungskraft zur Hervorbringung von Idealen steigern, so hat sie dennoch zu ihren Verschönerungen aus der anschaulichen Welt den Stoff erhalten. Dafür ist der Becher des Nestor ein Werk des Geschmackes und der Zeichnung (Ill. XI. 633. f.) eines menschlichen Künstlers, was auch vollkommnern Händen und Zeiten eine schöne Idee zu einer Vase anböte. Auch einige Schilde der Führer, wie der des Agamemnon, könnten als Beweise angeführt werden. Soviel wir auch von Correktheit und Schönheit in Abschlag bringen wollen, bleibt uns doch immer noch die Vorstellung, daſs dieses Zeitalter nicht ohne Gefühl und Verehrung für die Kunst, und nicht ohne Kunstausübung war.

Bey dem Allem hatten vermuthlich die Helden nicht viel

mehr vom Schreiben verstanden, als unsere Ritter des Mittelalters, und daher hatte der Dichter wenig Veranlassung, von ihren schriftlichen Verhandlungen zu reden. Wollte man es dennoch als eine Bedenklichkeit gelten lassen, dafs alles mündlich abgethan wurde, so erinnere man sich, dafs die Römer durch die Feciales, Caduceatores, Oratores unterhandelten, und keine schriftliche Capitulationspunkte, oder Kriegsmanifeste aufsetzten, wo sie schon eine Feldkriegskanzley hätten haben können.

Die Wahrheit des Gedankens, den Rousseau so auffallend nach seiner Art hingeworffen hat, dafs die ganze Odyssee nicht existiren würde, wenn man hätte schreiben können, weil ein oder zween Briefe das Schicksal des Ulysses aufgeklärt, und der übrigen Handlung ein Ende gemacht haben würden, hängt, wenn der Lanzenerfahrne auch des Schreibens kundig war, von der guten Einrichtung der Briefpost auf der Insel der Kalypso ab. Allein er trieb zum Unglücke nicht einmal Boten auf, derer einer oder zween auch ohne Brief, mit mündlichen Aufträgen, eben soviel ausgerichtet hätten.

Doch wir haben ja einen Brief in der Illiade; er war für den Grossvater des edelmüthigen Glaukus, zwo Generationen vor dem trojanischen Kriege, aus Argos geschrieben.* Was sollen, was können wir machen aus dieser Stelle, oder vielmehr, was bietet sie uns unbefangen an? War es wirklich ein ordentlich geschrie-

---

* πεμπε δε μιν λυκιηνδε, πορεν δ' ογε σηματα λυγρα
γραψας εν πινακι πτυκτω θυμοφθορα πολλα,
δειξαι δ' ηνωγει ω πενθερω, οφρ' απολοιτο.

και τοτε μεν ερεεινε, και ητεε σημα ιδεσθαι κ. τ. λ. Ill. VI. 68. s.

bener Brief, oder sonst nur ein übliches Symbol zur gastlichen Aufnahme? zur ersten Meinung ladet ein das γραψαι; die σηματα λυγρα erinnern an die Φοινικικα σηματα καδμε: allein das δειξαι und σημα ιδεσθαι stöhret uns wieder. Es müsste denn die Sprache sich damals noch ungebunden darüber geäussert, und noch keine Terminologie, wie sie nachher erscheint, festgesezt haben, was nicht ganz verwerflich ist. Aber wer entscheidet darüber?

Eine rohe Gemäldeschrift ist sicher älter als die Tonschrift. Es ist archäologisch wahr, wenn wir uns auf dem πιναξ gewisse verabredete Zeichen denken oder Gestalten, die jeder krizelte, wie er es konnte; aber nur so weit, als wir versichert sind, dass die Epoche einer bessern Schreibekunst unter einem Volke noch nicht begonnen hat. Es müsste demnach das eine oder das andere voraus gewiss seyn, um der Stelle einen sichern Innhalt aus den Umständen der Zeit auszumachen, den sie aus ihren eigenen Worten nicht hat.

Geben wir es indessen zu, die Griechen haben damals keine eigentliche Schreibekunst gehabt, so ist doch aus der Erzehlung ungezweifelt, dass sie darauf völlig vorbereitet waren, da die Idee einer Mittheilung in die Ferne durch gewisse Zeichen schon Aufnahme fand, und ihr gesellschaftlicher Nutzen und Brauchbarkeit schon anerkannt war. Man hatte nimmer nöthig, ihnen die Vortheile einer solchen Kunst begreiflich zu machen, und die Barbarey zu überwinden, dass sie sich zu ihrer Annahme verstehe; die Gemüther waren ganz in der Fassung und Stimmung, sie selber zu wünschen, und wo sie sich immer gefunden hätte, mit Enthusiasmus aufzunehmen.

Es war auch das Schreibmaterial da. Prötus hätte gewiss
eben

eben so viel auf seine Fläche, Täfelchen oder Blatt schreiben können, als er darauf gezeichnet hat. Auf grössere Flächen, die man nicht von Argos bis Lykien mittragen durfte, wie unseren πιναξ, gieng auch ein grösserer Innhalt, und auf viele derselben allenfalls eine Illiade. Sobald die Kunst sich zur Zubereitung eines leichten und portatilen Schreibmaterials für ein kleines Gemälde, für einen kleinen Aufsatz erschwungen hat, ist die Zubereitung für ein grösseres in ihrer Gewalt. Man frage nicht, wie viele Tafeln man zu einem Buche gebraucht hätte, welch eine Last von Sachen das geworden wäre? Wenn mans in der Tasche tragen müsste, so wäre das eine Einwendung. Haben wir ja auch gedruckte Bücher aus dem 15ten Jahrhunderte in unsern Bibliotheken, deren sämtliche Bände man nur mit Pferd und Wagen weiter schafft. Man frage nicht, mit wie vieler Mühe man geschrieben habe? Ich meine mit eben derselben, mit welcher man krizelte, zeichnete oder stach.

Kurz es war damals eine Morgenröthe für die Schreibekunst aufgegangen, wenn es auch noch kein voller und leuchtender Tag war. Man schleppte sich mit ihrer rohen und unvollkommenen Ausübung, und war mit einem bessern Surrogate, wo es sich immer treffen liess, zum Voraus einverstanden; man sollte sogar glauben, daſs die Griechen unter diesen Vorbereitungen selber hätten darauf fallen müssen.

So war damals die Lage, zwo Generationen vor dem trojischen Kriege. Während desselben, und in der ganzen Periode bis auf Homer herab sind wir zu glänzenden Erwartungen berechtigt. Wenigstens können wir die vollkommene Zuversicht haben, daſs, wenn irgend gebildete Völker in der Nähe oder

Ferne, Phönikier oder Aegyptier im Besitze dieser Kunst gewesen sind, daſs sie die reisenden Griechen als eine Merkwürdigkeit von besonderm Werthe in ihr Vaterland zurükgebracht haben. Und wenn es auch keiner that bis auf Homer, so entgieng sie doch auf seinen Reisen dem durchdringenden Beobachtungsgeiste des Dichters nicht.

Unter diesen Ansichten tretten wir nun für ihn selber hin, um ihn über seine eigene Kunstfertigkeiten in diesem Fache zu befragen, obschon wir alle Ursache hätten, sie aus diesen Betrachtungen zu glauben.

Es ist mir begreiflich, daſs eine beträchtliche Menge von Liedern lange einzig im Geiste der Menschen fortgieng und sich erhielt, daſs, wenn frühe ein Gedächtniss dazu geübet wurde, und die Sänger sich Mühe gaben, ihre Lieder in den Mund der Jugend zu legen, sie von Vater zu Sohne, und auf den Lippen der ihrigen zur Nachkommenschaft fortschwebten. Damit aber ein Gesang im Lauffe der Zeit nicht irgend unwiederholt verhalle, bevor er das Ohr der Zukunft erreicht, muss er eine allgemeinere Theilnahme des menschlichen Herzens erwerben, und das Interesse der Menge gewinnen, zu deren Belustigung oder Unterricht er bestimmt ist.

Wie nun der Katalog der Schiffe, welcher die Hälfte des zweyten Buches einnimmt, sich so erhalten habe, begreiffe ich nicht, und noch viel weniger, wie er ohne Schrift verfasst werden konnte. Soviel rühmliches ihm die spätere Commentatoren, und mit Recht, nachsagen, so ist der doch ein Katalog: ein Wörterbuch von Ländern, Städten, Ortschaften, beynahe die ganze Geographie Griechenlandes, oder ehender die Topographie

Dann sind es Namen der Führer, oft mit ihren Genealogien, Weibern, Kindern, und endlich die Seemacht des Landes, ein Zahlenregister von mehr als dreyzehnhundert Schiffen. Eine solche Uebersicht des gesammten hellenischen Seewesens erheischte ursprünglich beym Dichter, als er seine Erkundigungen zusammentrug und anreihte, eine Aufschreibung, eben so gut als der Kriegsetat von was immer für einer heutigen Seemacht, die Liste ihrer Schiffe in verschiedenen Häfen und Plätzen, ihre Bemannung und Führer. Und doch ist vielleicht keine über die Familienverhältnisse ihrer Schiffshäupter und Anführer, und über ihre Conduite so genau unterrichtet. Dazu kommen noch alle Befehlshaber und Verbündete von Troja, und der geographische Aufriss von ihrem Vaterlande und Städten.

Um hernach dieses Kunstwerk von den Veruntreuungen des Gedächtnisses, Vergessung, Verwechslung oder Unordnung, was in einem Namenregister und bey so häufig vorkommenden Zahlen vorzüglich leicht war, zu sichern, damit es durch viele Menschenalter glücklich herabkomme, war wohl mehr als einmal die Rückfrage an ein verlässliches und unwandelbares Regulativ nöthig.

Doch hatte Griechenland auf dieses Denkmal, nicht allein auf den historischen Geist des Dichters, sondern auch auf die unveränderliche Fortpflanzung seines Tableau de Grece so viele Zuversicht, daſs es die Entscheidung über Grenzen und Besitzungsrechte darauf gründete. Wir haben die Nachricht von einem solchen Falle aus den Werken eines Mannes, welcher die Frage veranlasst hat, ob Er ein grösseres Genie sey oder der Dichter, von

dem er hier redet. * Ausser diesem waren drey andere Fälle in Griechenland im Andenken, wo der 'καταλογος νηων entschied. **
Man überzeuge sich daraus, was man von der Zuverlässigkeit der Fortpflanzung dieses Dokumentes dachte.

Bis man anderer Seits solche Beyspiele hatte, war das Stük sicherlich mehr dem Beobachter und Staatsmann interessant, der über die Verhältnisse der alten Helenen, ihre Macht und den Bevölkerungsstand vergangener Alter Unterricht verlangte, und Data zu statistischen Betrachtungen heischte, als dem grossen Haufen, der bey Absingung dieses Kataloges oft eben so viele lange Weile haben durfte, als wir, wenn man uns in der Opera Stellen aus Büschings Geographie und seinen Bevölkerungstabellen vorsänge. Bis dahin wurde er sicherlich nicht gerettet, weil er ein Lieblingsstück des Volkes war, bey Gastgelagen und Strassen wiedertönte, und das Gedächtniss aller Rapsoden beschäftigte und übte.

Ich weiss zwar wohl, dafs es Gesetze gab, welche für die Bewahrung dieses Kataloges verfügten, und der Jugend geboten, ihn auswendig zu lernen. Aber wie lange erhielt er sich, bis die Gesetze auf ihn Rücksicht nahmen? Wie lange schwam er auf den Wogen des Ungefährs dahin vom Tode des ruhmvollen

---

* Aristoteles Rhetor. L. I. C. XV. Man vergleiche damit des Johann Hartung, Professors zu Freyburg seine decurias locor. memorab. in des Gruteri Lampad. critic. Tom. II. p. 647. und die Note Burmanns zu Quinctiliani Instit. Orat. L. V. C. XI. und Eustath. in Homer. T. I. p. 284. 85. um alle die Zusätze zu sehen, durch welche die Begebenheit entstellt worden ist, oder erweitert.

** Eustath. in Hom. T. I. p. 263.

Dichters, bis einzelne Staaten eine Verfassung bekamen und Gesezgeber, und als sie solche hatten, bis ihn ein Gesezgeber der Jugend vorschrieb? Der erste, von dem wir es wissen, ist sogar weit hinter den Tagen Solons, nämlich Kerkidas von Megalopol *, bey dem es höchstens eine Anstalt gegen die mögliche Interpolation der Handschriften seyn konnte, wenn er es nicht allenfalls als Mittel betrachtete, die jungen Leute auf die Macht und den Zustand Griechenlandes aufmerksam zu machen und politische Reflexionen zu veranlassen.

Musste, konnte man den Katalog schreiben, so war er wahrscheinlich auch nicht das einzige, was man in den Tagen des Dichters, was er selbst aufschrieb, oder seine Nachkommenschaft. Ich will aber daraus auch nicht zuviel dociren, und etwa behaupten, der Dichter habe alle Gesänge geschrieben: Nein mehr nicht als er musste; denn das Schreiben war ein lästiges Geschäft, und foderte ausserordentlich mehr Aufwand von Zeit und Mühe, als wir izt daran zu verlieren gewohnt sind. Mancher Gesang mochte durch Unterricht und Hören von Menschen zu Menschen, von Rapsode zu Rapsode gegangen seyn, und wenn es auch vollständige Manuskripte gab, und damals als man dergleichen schon in Menge haben konnte, waren viele nicht so reich, ein ganzes zu besitzen. Konnte wohl jeder wie Plato zehentausend Denare um eine Handschrift ausgeben, oder wie Aristoteles die kleine Büchersammlung des Speusippus um zwey und siebzig tausend Sesterzien kauffen? Hatte ja Martial in den Tagen, wo es an allezeit fertigen Schreibern Ueberfluss hatte, nicht einmal einen ganzen

---

* Eustath. Tom. I. p. 263. Vergl. die Noten von Heyne zum Apolodorus. Pars III. p. 1100.

Livius in seinem Vermögen. Oder um näher auf den Homer zu kommen; Viele von den Mitbürgern des Alkibiades, in der Stadt der Minerva, in den Zeiten einer blühenden Litteratur, hatten nur einzelne Rapsodien im Hause, und das nicht alle.

Viele hatten wahrscheinlich nur einzelne Gesänge gelernt, und derer waren vermuthlich mehrere, als jene, welche die gesammte Illiade und Odyssee im Kopfe herumtrugen, und wenn sie nun auch etwas Geschriebenes besassen, so waren es nur einzelne Stücke, mit denen sie debitirten. Gesänge, die man am häufigsten verlangte und am begierigsten hörte, wurden ein Gegenstand des Fleisses für den Rapsoden, bis das Gesez ihnen befahl, auch die andern, und alle der Reihe nach an den Panathäneen abzusingen.

So vereinzelt giengen die Homerischen Lieder umher, geschrieben oder im Munde der Sänger, und ein Mann, der sie alle im Gedächtnisse hatte, war vielleicht öfter zu finden, als der sie alle geschrieben besass. In dieser Zerstreuung traf Pisistrat den Homer, und aus diesen Umständen müssen wir sein Unternehmen beurtheilen. Es war immer ein schweres Stück Arbeit, die disjecti membra poetæ zusammen zu bringen, kritisch durchzugehen, unter sich zu verbinden. συρραπτειν και διασκευαζειν, und wieder in Corpora zu ordnen. *

---

* Die ραψωδοι, oder wie sie Pindar nennet, ραπτων επεων αοιδοι, erhielten wahrscheinlich erst damals diesen Namen, als Pisistrat ειρμον τινα και ραφην in die Werke des Dichters gebracht hatte. Wenn der Ausdruck selbst zuweilen auf Hesiod und andere Dichter des Alterthummes angewandt wird, so haben die Schriftsteller nur in einer spätern Sprache von ältern Sachen geredet. Kynäthus von Chios soll um die 69te Olympiade nach dem Skoliasten Pindars als der erste Rapsode aufgetreten

Denn sicher waren diese zwey Werke, jedes ein eigenes Ganzes, in diesem grossen und umfassenden Plane angelegt, und so, einzelne Stellen abgerechnet, ursprünglich im Geiste des Dichters empfangen, wie sie sind; nicht aber aus einzelnen Liedern vom trojischen Kriege, die ohne Beziehung unter einander waren, nachhin in diese Einheit geordnet, oder aus kleinen Heldengedichten durch andere Gesänge, die von den Ereignissen dieser Belagerung sonst noch vorhanden gewesen sind, erweitert, und vermittelst dieser fremdartigen Bestandtheile unter der Hand der Pisistratiden zu zwey grossen Ganzen in diesem Umfange gebildet. Von der Illiade dürfte es am schwersten zu erweisen seyn. Indessen verwickelt uns der Fortgang unserer Untersuchungen durch die verschiedenen Epochen der griechischen Litteratur nothwendig in diese Frage.

Der Eingang der Illiade verspricht diesen weiten Innhalt nicht, den sie hat. Ich weiss es nicht: Sie singt den Zorn des Pelionen, der vom Führer aller griechischen Heere beleidigt wurde. Aber da er der Hauptgegenstand ist, auf den alles Interesse geleitet wird, könnte man selbst erwarten, daſs er mit Ehre davon komme und Genugthuung erhalte, wenn sie auch nicht gleich im Eingange ausdrücklich verheissen ist. Der Verfasser versah es sich wohl schwerlich, daſs eine Sache, die sich von selbst versteht, zur Streitsache erwachsen könnte, und Achilles nur den Zorn, nicht aber auch die Genugthuung haben sollte, und zwar eine so vollkommene Genugthuung, wie sie Dichter zu geben pflegen, die dem Beleidigten ein Ehrenmal errichten.

---

seyn, ungefähr um die Zeit, als die Regierung der Pisistratiden sich zu ihrem Ende neigte. Da diese Frage hier ein bloses πάρεργον ist, so kann ihr keine weitere Ausführung zugestanden werden.

Wir müssen daraus auch nicht schliessen, weil die Illiade gesungen wird, der Verfasser habe nicht schreiben können. Mancher Dichter schreibt besser, als er singen würde, und dennoch lässt sich seit undenklichen Zeiten keiner den Gesang ausreden. Sie singen alle, und verbergen uns sorgfältig, dafs sie schreiben, wie viel sie ausgestrichen, gebessert, geändert haben, und sind hierinn unter allen Gelehrten das beste Volk, da sie uns mit ihren Gaben erfreuen, ohne uns ihre Mühe fühlen zu lassen, oder über den Schweiss ihres Angesichtes unsere Theilnahme zu verlangen.

Sie sind auch meist freygebiger als die Kunstrichter, wovon wir hier ein Beyspiel haben. Diese wollen manche Handlung der Illiade zum Ganzen entbehrlich finden. Wenn wir beym Nothwendigen und Bedürftigen anfangen, und dieses als Maasstab zur Beurtheilung eines Kunstwerkes annehmen, so dürfte es allerdings so mager ausfallen, als alle Menschen, welche das Geschicke auf den Stand der Nothwehr zu ihrer Erhaltung herunter gesezt hat. Allein der Geist des Artisten ist im Besitze des Ueberflusses, und das überströhmende Genie im Drange der Mittheilung, und erkennet nur die Maasregel, den Reichthum nicht ohne edle Absicht hinauszuwerffen. Er verwendet vieles zu einem Effekte, zur glücklichen Wirkung einer Parthie, ausserordentlich vieles zum Ganzen, zur Erhöhung unserer Vergnügen und Freuden, was gewöhnlich nicht jedermann ins Haus braucht.

Allein es ist nicht an uns, alle Gründe, welcher Art sie seyen, jeden insbesondere, durchzugehen. Wir schlagen daher einen andern Weg ein, und behaupten den gegenwärtigen Umfang der Illiade als ursprünglich aus innern kritischen und diplomatischen Nachweisungen.

Im

Im zweyten Buche dieses Gedichtes ist der Gesang Böotia, oder der Katalog der Schiffe. Er ist zwar ein sehr interessantes Stück des Alterthummes; aber er könnte eben so gut mit einem andern Epos von Troja verbunden werden, als mit dem Zorne des Achilles. Das lässt sich nicht läugnen an und für sich betrachtet, und dennoch gehört er zur Illiade. Es kömmt darauf an, zu was ihn der Dichter bestimmen wollte. Nun sehen wir zu, ob er ihn nicht ursprünglich zu diesem Gebrauche gestempelt hat. Wie jeden der Führer, so beschreibt er uns auch den der Myrmidonen; aber er ist zürnend bey den Schiffen, weil man ihm die Gabe nahm, Briseis, die er mit so vielen Kämpfen erfocht; doch ruht er nicht immer, bald wird er sich wieder erheben. Ill. II. 685 — 95. Ed. Wolf. Hat nun der Verfasser diesem Liede nicht deutlich das Siegel seiner Bestimmung aufgedrückt? Hat er nicht selber erklärt, zu was er es anwenden will?

Die Zurüstungen zur Schlacht, dann die Verabredung zu einem mildern Uebereinkommen, durch einen Zweykampf, Eid und Opfer, und endlich der Zweykampf zwischen Menelaos und Alexander (Raps. III.) machen ein eigenes Ganzes aus mit Anfang und Ende. Wer es so liest, wird ihm nicht ansehen, dafs es ein Bestandtheil der Illiade sey. Aber man lese weiter: Der Zweykampf wird eine Vorbereitung zu einem allgemeinen Gefechte. Menelaus wird nach dem Zweykampfe hinterlistig durch einen Trojer verwundet; nun ist Agamemnon ohne Fassung, und fodert alle Griechen auf. Die Reden Agamemnons beziehen sich auf diesen vorgegangenen Zweykampf, und den gebrochenen Eid an mehrern Stellen IV. 155. f. 235. f. 269. 70. Dahin bezieht sich die Rede des Jupiter IV. 5 — 20. Selbst noch im VIIten Gesange wird auf diese ορκια πιστα Rücksicht genommen 351. 52.

Der dritte Gesang ist also so in den vierten hineinverwoben, dafs er ein nothwendiges vorhergehendes Ereigniss von diesem ist.

Die Schlacht beginnt IV. 445. Anfangs ist sie zweifelhaft, dann aber weichen die Kämpfer von Illion. Im trojanischen Kriege wurden eine Menge Schlachten geliefert, davon mag auch diese eine seyn, die hier eingeschaltet wurde, ohne gerade eine ursprüngliche und vom Dichter beabsichtete Beziehung auf unser Heldengedicht zu haben. — Es ist aber doch keine Schlacht ohne Zurüstungen, und die Zurüstungen von dieser, wie wir so eben gesehen haben, sind vom Vorigen unzertrennlich. Sie dauerte nicht lange, so war der Vortheil auf der Seite der Griechen, und nun klärt es sich vollkommen auf, dafs sie Homer selbst der Iliade zugedacht hat. Apollo will den Muth der Trojaner wieder beleben, und rufft ihnen mitten im Gemenge zu, entschlossen zu seyn, denn der Sohn der Thetis fechte nicht mit; er zürne bey den Schiffen. IV. 509. 13. In diesem Augenblicke wächst den Trojanern der Muth. (Vte Raps.) Der Mechanism ist glücklich angebracht zu grössern Effekten; der Sieg lächelt nun ihnen. Diomed thut Wunder der Tapferkeit, alle Achaische Führer und Scharen folgen ihm; aber umsonst, Mars und Aphrodite weiset sie blutig zurück. Es war um die Griechen geschehen, wenn sich nicht Athene ihrer erbarmt hätte. Sie stehet ihnen bey mit Hülfe, Rath und Ermunterung, und nun muss ihr der nämliche Held zu ihrem Zwecke dienen, dessen Name vorhin Apollo zum entgegengesezten gebraucht hat. Sie hält ihnen das Beyspiel Achills vor, wie er die Trojer drängte, als er noch mitfocht. V. 787 — 92. Ihr Geist erhebt sich wieder, das Schicksal der Schlacht lenket sich, sie gehen dem Siege entgegen.

So zeigt es der Dichter bey jedem einzelnen Theile, um was ihm zu thun ist. Wenn er es aber auch hier vergessen hätte, so bestimmte es der Zusammenhang so; das Folgende könnte nicht geschehen, wenn dieses nicht vorausgegangen wäre. Die Umstände der gegenwärtigen Schlacht waren die Veranlassung vom Kommenden.

Hektor hält alle Anstrengungen für eitel und unnütze, den Verwüstungen der Griechen und des Diomed ein Ziel zu setzen, so lange Pallas Athene mit ihnen streitet. Er verlässt den Kampfplatz und eilet nach Troja, die Matronen zu ermahnen, alles zu thun, um die Göttin mit Opfern und Gaben zu besänftigen. Da trifft er den Paris, macht ihm Vorwürfe, ermahnt ihn zum Kampfe; dieser rüstet sich. Endlich folgt der rührende Abschied Hektors von Andromachen. VIte Raps.

Dieser Gesang hat an und für sich so viel eigenes Interesse, dafs er als ein isolirtes Lied für sich bestehen, und ohne alle anderwärtige Beziehung hinlänglich befriedigen kann. Dennoch hann er der Illiade nie entwandt werden. Er ist angeschlossen an die Kette der vorigen Thatsachen und ihre Umstände, auf die er speziell bearbeitet ist, als Folge derselben, wie schon gesagt worden ist. Noch mehr aber ist er als Ursache von Begebenheiten in den Plan des Ganzen verwoben; die Handlung hat der Lage der Dinge eine andere Wendung gegeben, und die Machinerie verändert, durch welche das Geschick zum Vortheile der Griechen und zum Ruhme Diomeds auf eine Weile gelenkt worden ist.

Paris, den Hektor vorhin aufgefodert hat, kömmt nun wirklich in der Schlacht zum Vorscheine. Vor allem aber ist Pallas

Athene versöhnter, ihre Abneigung gegen die Männer von Illion hört plötzlich auf; doch wird sie darum nicht feindlich gesinnt gegen die Söhne von Argos. Sie unterhandelt mit Apollo, dem Beschützer der Trojaner, wie sich das beyderseitige Schicksal auf mildern Wegen ausgleichen liesse. Die Wahl fällt abermals auf einen Zweykampf. Hektor und Ajas sind die Kämpfer, sie ringen mit Heldenmuth und gleichem Glücke. Die Herolde und die Nacht trennen sie, ohne dafs sich der Sieg entschied. Dieses ist das Ende der langen blutigen Schlacht. Man benutzet die erwünschten Augenblicke der Ruhe, die Todten werden begraben, die Griechen verschanzen in der Nacht ihr Lager.

Dieses ganze fortlauffende Stück bis ans Ende des Zweykampfes hat der Dichter ausdrücklich als einen Bestandtheil des Epos vom Zorne des Achilles erklärt. Er legte die Erklärung in den Mund des Ajas, der den Hektor erinnert, er würde nicht so muthig erscheinen, wenn Achilles da stünde, der nun bey den Schiffen zürnet über Agamemnon, den Hirten der Völker. VII. 226 — 31.

Niemand kann bis izt noch den Dichter einer lockern Verbindung beschuldigen; es ist überall ein nothwendiger innerer, oder ein wörtlich erklärter Zusammenhang; alles ist Eines, und überall ist Anordnung und Zweckmässigkeit. Er fängt mit langsamem Interesse an, welches in allmählig fortschreitender Zunahme wächst. Ein Zweykampf eröfnet die Skene, welcher das Vorspiel ist und die Veranlassung zu einem allgemeinen Gefechte. Der Kampf erhebt sich in allen Reihen. Beyde Theile kämpfen mit Ehre; der Beyfall schwanket zwischen ihnen hin und her. Der Ausgang wird mit jeder Handlung mehr verschoben, die Erwartung in die Ferne gerückt. Die Griechen siegen Anfangs;

Achill wird ihnen entbehrlich: Apollo hilft den Trojern, die Griechen weichen, schon wird Achilles gerächet. Athene begeistert den Diomed, sie wüthet gegen Troja, und Er unter ihrem Schutze; er ersetzet den zürnenden Pelionen, niemand kümmert sich um seinen Zorn. Doch die Trojaner besänftigen und gewinnen die Göttin; nun werden wohl die Griechen unterliegen, und Achilles wird dennoch gerächet. Allein sie ist für Illion milder gesinnet, und liebet die Griechen zugleich, sie sucht daher einen Mittelweg, und veranstaltet eine Beylegung, die keinem Theile sehr empfindlich, für beyde minder blutig ist. Das Getümmel der Schlacht verhallet; es rasseln noch einzelne Waffenstösse des Zweykampfes, beyde Kämpfer sind Helden, und der Kampf bleibt gleich. Nun wird es Ruhe und Nacht; beyde Theile fürchten und ehren sich; wir aber sind wo wir waren. Es begann mit einem Zweykampfe, der nichts entschied, und endet mit einem Zweykampfe, der nichts entschied: unser Herz hat unter Furcht und Hoffnung eine ganze Periode gemacht, und unsere zunehmende Ungedult ist auf Erwartungen verwiesen.

So weit ist die Gesinnung des Dichters von jeder grössern Handlung bekannt; jede derselben ist ausdrücklich dem Zorne des Achilles zugetheilt. Wäre aber auch dieses nicht, so hängt jede an der andern, bereitet die kommende vor, und jede kommende bezieht sich auf die vorhergehende bis auf Detail der Umstände. Mag man immer hie und da einen Hexameter herausreissen, mag ein Krieger mehr oder weniger sterben; aber eine ganze Handlung, einen halben Gesang wird bisher eben so wenig Jemand der Illiade entwenden, als einer die Waffen des Achilleys im Angesichte des Helden, mitten unter seinen Myrmidonen, geholt hätte.

Wir haben nun sieben Gesänge zurückgelegt, und Jupiter hat noch nichts kraft seines Wortes gethan, den Peleiden zu rächen; nichts als daſs er durch alle Götter den Streit angefacht, beyde Theile in Thätigkeit gebracht hat. Izt erst ist die ganze Machine in Bewegung. Welch einen weit aussehenden Plan des Ganzen versprechen diese Vorbereitungen des Dichters?

Jupiter verbeut nun den Göttern jeglichen Antheil; Er allein lenket von nun an die Weltbegebenheiten, erhebt sich feierlich an den Ida, hält die Wage empor: Troja ist mächtig, das Schicksal ist gegen die Griechen. Er donnert und wirft Blitze unter ihre Heerhauffen, sie weichen mit dem entschiedensten Heldenmuthe — Hektor jagt sie hinter ihre Werker, und ist an dem sie zu erbrechen. VIIIte Raps.

Es gieng lange, bis der Vater der Götter sich selber in die Angelegenheiten beyder Heere legte; aber so wie die höchste der gedenkbaren Kräfte in Bewegung ist, ist auch etwas entscheidendes gethan, und wir sehen dem Ende entgegen, wenn es das Genie des Sängers nicht abwendet. Dieses alles geschah den Pelionen zu rächen; Juno durchschaut die Absichten des Gottes, oder der Dichter lieh ihr seine Worte, den Gesang als ein Stück des Heldengedichtes vom zürnenden Achill anzukünden. VIII. 370. f. Bald aber muss uns das nämliche Jupiter selber versichern VIII. 469. f., wozu die Verse 475, 76. nicht nöthig sind, wenn der Verdacht gegen sie auch gegründet ist.

Schon scheint die Sache entschieden zu seyn. Der Jammer der Griechen hat die höchste Stuffe erreicht. Agamemnon sendet am Abende noch Botschaft, dem Achilles Anträge zu machen, daſs er die Noth der Griechen wende. Er verwirft sie, so herrlich sie sind, und drohet sogar mit seinen Schiffen nach Hause zu kehren, bevor noch das Lager erstürmt würde, und die Schiffe in Flammen gesteckt. IX. Raps.

Es ist Nacht. Die Führer der Griechen erquicket kein Schlummer; die Unruhe treibt den einen und den andern Atriden umher. Es versammeln sich nach und nach alle Könige, und man schicket Kundschaft ins feindliche Lager. Das Glück begünstigt Diomeden und den Odysseys, daſs sie hineinkommen, einige Helden überschleichen, und die Pferde und Tropäen des Resus erobern. Xte Raps.

Diese, die zehnte Rapsodie, sagt Eustathius *, war nach den Berichten der Alten ein vereinzeltes Lied, was Homer nie der Illiade zugedacht hat. Es wurde erst durch die Pisistratiden an dieses Gedicht angereihet, und in seinen Innhalt eingeschlossen. Und in der That hat dieses Nachtstück einen eigenen geschlossenen Umfang, und ohne alle weitere Verbindung ein eigenes Interesse. Indessen was ist natürlicher als diese Nacht auf einen so fürchterlichen Tag, der dem Atriden die Demüthigung abgenöthigt hatte, dem beleidigten Fürsten Abbitte zu thun, und so grosse Aufopferungen anzubieten? Wer könnte es glauben, wenn uns der Dichter sagte, die Könige haben ruhig geschlaffen? Wem würde es wahrscheinlich seyn, wenn er uns versicherte, sie haben nichts unternommen in dieser besorglichen Lage, die Absichten der Trojaner, ihre Zubereitungen und Anschläge zu verkundschaften? Strahlt nicht das Talent des Dichters mitten in dieser dunkeln Nacht? Leuchtet hier nicht das Gefühl der Wahrheit, und der Geist der Beobachtung? Es schliesst sich auch die

---
* Tom. II. p. 785.

Zeit genau aneinander, wie es seyn muss, wenn die Absicht
und nicht der Zufall den Gesang hieher gebracht hat. Die 9te
Rapsodie ist die Skene des Abends bis in die Nacht, wo sie den
Pelionen verlassen, und Agamemnon Bericht bringen. In der
10ten Rapsodie beginnt die Stunde der Ruhe; aber die Befehlshaber sind schlaflos. Erst in der zwoten Nachtwache, als die
Gestirne sich senkten, und bald der Morgen ergraute, hebt diese
Handlung an. Somit stöhrt sich in der Zeit nicht nur nichts, sondern es sind alle Momente der Nacht in einer ordentlichen Abfolge beschäftigt. Es sind auch ganz die Umstände des vorhergehenden Tages, welche dieser Nacht zum Grunde liegen. Wir
sehen aus den Besorgnissen und Gesprächen der Achäischen Führer, dafs der Tag für sie und ihre Völker äusserst traurig war,
dafs sie eine Schlacht verloren, die nur der Abend und die Fin-
sterniss zu ihrem Glücke unterbrach, dafs sie nicht mit ihrem gewissen Verderben endete. Hektor hatte ihre Werker gestürmet,
und sie hatten alles für ihre Schiffe zu fürchten, um nicht von
der Rückkehr ins Vaterland abgeschnitten zu werden. Ihre Be-
rathschlagungen geschehen an dem Graben, unter Leichen, an
der Stelle, wo Hektor wegen der Nacht seine Verwüstungen
nicht weiter treiben konnte. X. 197—201. Dieses sind die Umstände, von denen sich die Könige unterreden, und unter denen
wir sie antreffen, als sie diese nächtliche Unternehmung entwar-
fen. Soviel ist aus diesem allem gewiss, dafs das Faktum der
Zeitordnung nach hieher gehöre, dafs bey seiner Anordnung dem
Verfasser die Geschichte dieses Tages im Sinne lag; dafs es der
Natur und dem Fortgange der Ereignisse so angemessen und so
an seinem Orte ist, dafs man sich wundern müsste, wenn es der
Dichter von der Illiade ausschloss. Der Hergang des folgenden
Tages

Tages und seiner Gefechte ist nicht minder mit Rücksichten auf diesen bearbeitet. Obschon die lezten Anstrengungen der Griechen zu ihrer Rettung nöthig waren, und vor allen Diomed, der dem Hektor bisher allein noch Einhalt thun konnte, so erscheinet dieser Held dennoch nicht im Kampfe, sondern hält sich ruhig, bis ihn Ulysses herzuruft, XI. 311 f. Dieses ist in einer solchen Lage nur dann glaublich, wenn der Held in der Nacht der Ruhe und Erholung nicht genossen hatte, und dieser Musse zur Sammlung seiner Kräfte bedurfte. Endlich hat auch der Dichter in dieses Nachtstück wieder einen Wink hineingelegt, wodurch er es als eine Handlung aus der Geschichte des erzürnten Achilles bezeichnet hat. X. 103—8.

Auf diese Nacht folgt ein weit schrecklicherer Tag, als der vorige. Es war daher sehr zweckmässig, eine minder schauervolle und für die Griechen glücklichere Handlung zwischen diese zween Täge zu legen, und dem Gemüthe eine Abspannung zu erlauben in der Betrachtung dieses nächtlichen Auftrittes. Dieser Tag brachte die Belagerer aufs äusserste. Die ersten der Helden sind bald alle verwundet, Agamemnon, Diomed, Odysseys. Die Trojer nähern sich immer mehr dem Lager; Achill sendet bey überhand nehmendem Geschrey selber den Patroklus um Kundschaft aus. Er fragt Nestorn: der Greis fodert ihn auf, Achillen schnell zum Kampfe zu bereden, oder wenigstens sich selber zu waffnen. XIte Raps. Indessen jagt Hektor die Griechen vor sich her, bemächtigt sich des Grabens, stürmt auf ihre Werker und Thürme, schon erbricht er das Thor. XIIte Raps. Diese Begebenheiten haben ausdrückliche Weisungen auf Achilles. Wenn aber auch das nicht wäre, so erheischet das Folgende, daſs dieses geschehen sey.

Das Gemetzel ist innerhalb der Werker, die Griechen fliehen zu den Schiffen als dem lezten Mittel der Rettung. Izt ist vielleicht der einzige Moment, wo Achilles noch helfen kann, bald ist aller Heldenmuth unnütze, jede Hülfe zu spät; in diesem Augenblicke muss er erscheinen, wenigstens die Schiffe zu erhalten, das Heil aller Söhne Achajens, und sein eigenes. So glaubt man — aber der Geist des Dichters ist ausserordentlich reicher an Ressoursen. Wenn die Spannung der Gemüther am höchsten zu seyn scheint, weiss er nachzulassen, um noch höher zu spannen. Wo hat das Genie des Dichters seines gleichen!

Unerwartet lenket er durch eine anmuthvolle und freundliche Wendung ein. Der Vater der Götter und Menschen erträgt diesen gräulichen Anblick nicht weiter; er wendet sein Gesicht zu frömmern Völkern und ihren friedlichen Werken. Diesen Augenblick benutzen die Götter, den Griechen beyzuspringen, und die verderblichen Kinder von Illion zurükzutreiben. XIIIte Raps. Dieser Gesang gehört wieder zum Zorne des Achilles. Die Götter sahen das wohl ein, dafs Zevs Chronien, Hektorn und sein Heer so begünstige, um den Peleiden zu rächen, und die Thetis zu ehren. XIII. 345—51.

Die Trojer ziehen sich allgemach zurück. Poseidon ermahnt den Atriden und die Griechen, sie zu verfolgen. Juno hält die grosse alles entscheidende Kraft, die allmächtig über das Schicksal der Sterblichen waltet, noch länger zurück, bringt den Chronion in Schlummer. XIV. Raps. Das alles geschah, damit nicht das wilde Herz des Achilles sich freue, wenn das Geschick die Trojer begünstige. XIV. 539—43, und damit nicht sein erzürntes Gemüth die Wollust geniesse, dafs er vermisst werde. XIV. 365—70.

Die Götter bringen nun die Trojaner aufs äusserste; sie fliehen, selbst Hektor, ihre höchste Zuversicht, die vorzüglichste Brustwehr von Illion, der erste der Helden liegt im Blute an der Erde, er ist tödtlich verwundet, und wird wohl nimmer erstehen, um die Griechen zu drängen, und dem Peleiaden zur Rache zu helfen. Vielleicht ist bald Troja verloren, denn wer konnte es bisher, wie er, beschützen? Also hat uns der Dichter wieder vom Ziele entfernt, den ganzen Mechanism verändert, den Ausgang in die Ferne und ins Dunkel der Zeit gestellt. Aber Jupiter erwachet wieder am Ida, sieht den Sieg der Achäer, Hektorn im Staube, und durchblickt schnell die Intrigue der Götter. Das erste, was er thut, ist, daſs er den Apollo herab zu Hektorn sendet, um ihn zu heilen. Er geneset, erregt von neuem die Feldschlacht und wüthet in allen Reihen. XV. Raps. Wenn auch die Stellen XV. 610—15. und vorzüglich XV. 56—77. nicht ächt sind, was das Ansehen und die Einsicht des Zenodotus nicht entscheidet, dessen frechen und ungelehrten Eigendünkel mehrere seiner angeblichen Verbesserungen an den Tag legen, so mangelt es dennoch dieser Rapsodie nicht an deutlichen Versicherungen, daſs sie zum Heldengedichte vom Zorn des Achilles gehöre. Eine solche giebt uns Patroklus XV. 400. f. und die Stelle von der Thetis. 595—600.

Die Trojaner sind schon an den Schiffen. Patroklos stehet in Thränen vor Achilleys bittend. Der Held ist unbeweglich. Endlich giebt er dem Patroklos seine eigene Waffen, und sendet ihn in den Kampf. Schon ist Feuer in den Schiffen, Patroklos kämpft wie ein Löwe vor den Myrmidonen einher, jagt die Trojer von den Schiffen; aber er erliegt im rühmlichen Kampfe, so rührend Achilles für ihn gebetet, und alle Unsterblichen angeruffen hatte. Dem Todten werden seine Waffen, die zierlichen Waffen des Achilles, ein göttliches Kunstwerk, abgenommen. Raps. XVI.

Die Griechen kämpfen um den Leichnam des Patroklos. Hektor schmückt sich mit der pelionischen Rüstung, die er an ihm gewonnen hatte. Das edelmüthige Herz der Griechen nimmt Antheil an dem Verluste des erzürnten Fürsten, sie gehen, ihm den Tod des Freundes anzukündigen. Raps. XVII.

Aber so weit soll nicht einmal das Gedicht gehen, sondern nach dem neuesten Kunsturtheile soll es mit dem Tode des Patroklos enden in der XVIIten Rapsodie mit dem 620 Verse.* Den Ueberrest soll eine fremde Hand dazu gethan haben. Allerdings wenn das Gedicht nicht ganz von Homer ist, so ist hier einer der Plätze, wo sich am leichtesten etwas davon trennen lässt; denn gehen wir einen oder zween Gesänge weiter, so ist alles so ineinander verwoben, alles so sehr nur ein Stück, dafs man nichts davon ablösen könnte ohne grosse kritische Gewaltthätigkeiten.

Allein konnte das Gedicht so aus den Händen eines mehr als mittelmässigen Dichters hervorgehen, musste er sich nicht einen grössern Plan vorzeichnen, verrathen die bisherigen Anlagen nicht schon genugsam, dafs er einen grössern im Geiste befasste, hat er nicht Anstalten auf weitere Entwicklungen getroffen, hat er selbst nicht ausdrücklich mehr versprochen?

Nein, sagt man, er versprach beym Eintritte nichts als die

---

* Wolfii Præfatio in Illiadem. p. XXIV. und Prolegomena in Hom. p. CXVIII.

Rache des Peleiaden; die ist nun vollzogen. Troja hat die Oberhand, die Griechen sind zur Verzweiflung gebracht, und haben gebüsst, dafs sie den Helden, den Ersten aus ihnen, ihren mächtigsten Vertheidiger beleidigten. Der Wunsch des Erzürnten und der Rathschluss des Gottes sind somit erfüllet, und folglich das Gedicht geendet.

Allerdings könnte es' damit ein Deutscher schliessen, aber kein Grieche, der einen Nationalantheil daran hat, der die Thaten seines Volkes und seinen Ruhm besingt. Ein solcher würde nicht da aufhören, wo die Lage der Griechen am verzweifeltsten ist, die versuchtesten Führer verwundet sind, das lezte Unternehmen des Patroklos, was noch etwas versprach, misslingt, und die Waffen des Achilles, auf den man noch Hoffnung haben könnte, verloren gehen, wo alle Aussichten, zum wenigsten alle Besorgnisse von dem Dichter gemacht werden, die Griechen auf dem breiten Rücken des Meeres flüchtig, oder wenn sie nicht so glücklich sind, ihre Schiffe zu retten, in Sklaverey und Fessel zu sehen.

Wenn der Dichter enden musste, wo nach unserm Ermessen Achill und seine Rache befriedigt seyn könnte, so hätte sich das Epos besser mit dem 9ten Gesange geschlossen. Die Noth war so weit gestiegen, dafs ihn der König der Menschen um Versöhnung bittet, was er ihm genommen hatte, und warum gezürnt wurde, zurückgiebt, seine eigene Tochter dazu und sieben Städte mit unendlichen Gaben anbietet. Hier war alles vollzogen, was der Sänger in der Ankündigung versprach, wenn er anders verbunden ist, im Eingange den ganzen Plan ausführlich vor Augen zu legen.

Weiter: hören wir auf mit dem XVIIten Gesange, wie man uns vorschlägt, so haben wir den Helden, um den sich die ganze Handlung drehet, wegen dem sich alles bewegt, von der Zeit an, wo er Händel angefangen hatte, bis auf den gegenwärtigen Augenblick nur ein einzigesmal (IXte Raps.) in einer Zwischenskene auf dem Schauplatze gesehen, und am Ende noch, wo er dem Patroklos seine Waffen übergiebt, um sich repräsentiren zu lassen. Was ist das für ein Drama, wo die Hauptperson durch die ganze Handlung hinter der Courtine stehet, was ist das für ein historisches Gemälde, wo die Hauptfigur auf der Seite im entfernten Hintergrunde sitzet? Was ist das für eine Theorie der Kunst, in siebzehn Gesängen vom Achilles zu handeln, ihn ein oder zweymal im Fürbeygehen sehen zu lassen, und dann von Zeit zu Zeit die Leute mit einigen Versen an seine Existenz zu erinnern, daſs er nicht vergessen werde? Ist das Gedicht damit vollendet, oder ist es nur zu seiner Entwicklung vorbereitet? Muss nicht noch der vornehmste Theil nachkommen, wo ein Achill zu sehen ist, wo er auftritt, handelt, und Werke des Ruhmes ausführet?

Setzen wir, man fände gähling eine solche Illiade, wie man sie uns geben will, in 17 Gesängen, man entdecke irgend diesen litterarischen Torso im Schutte des Alterthummes; setzen wir, die ersten anderthalb Rapsodien, und die lezte Hälfte der 9ten wären beschädigt und unleserlich: was könnte der unbefangene Kunstrichter von diesem Buche wohl anders sagen, als es sey ein episches Gedicht, was von Hektorn handle, und von seinen Siegen über die Griechen? Er würde uns nicht einmal zugestehen können, daſs ein eigensinniger Krieger, der beleidigt ist, darinn eine sehr bedeutende Rolle, vielleicht die zwote des ganzen Poëmes, zu vertretten habe. Wenn ihm nun jemand versichern könnte, dafs Hektor nur der zweyte Held des Gedichtes sey; müsste er nicht erwiedern, dafs noch ein sehr namhafter Theil nachkommen müsste, bis ein anderer Hektorn den Rang streitig machte, und das wenigst kein Grieche zum ersten Helden werden könnte, er müsste es denn an Hektorn werden, oder sonst müsste das Interesse auf zween und gerade die entgegengesezten Theile gelegt seyn, woher es nothwendig folgte, dafs das Ganze auf keinen Effekt bearbeitet wäre.

Kurz soviel ist ohne unsere weitere Bemühung anschaulich, einer solchen Illiade mangelte nichts weniger als der Hauptgegenstand, um desswillen sie verfasst wurde.

Ein solches Kunstwerk würde auch in Ansehung der Proportion der Theile und ihres Ebenmasses in der Anlage mehr als einen Hauptfehler haben. Die Vorbereitung machte beynahe die Hälfte aus, der Ueberrest die Verwicklung, und die Entwicklung mangelte ganz. Die Zurüstungen versprachen ein weitschichtiges und folgenreiches Ereigniss, eine Hauptbegebenheit von Illion. Es wird uns der Katalog der Schiffe gegeben, die ganze griechische Macht aufgezählt, und in einer Uebersicht die Macht von Troja, als handelte es sich um das wichtigste, was ohne die wirkliche Eroberung der Stadt in diesem Kriege geschehen konnte: es werden alle Kräfte des Himmels und der Erde mit in den Antheil gezogen bis zum 8ten Gesange. Erst izt fängt eigentlich das an, um was es zu thun war, Jupiter erhebt sich, seinem hohen Eidschwur gemäs den Sohn der Thetis zu rächen. Dann verwickelt es sich, der Vater der Götter und Menschen selbst kömmt nicht zum Zwecke. Von der XIIIten bis in die XVte Rapsodie sind andere himmlische Mächte im Spiel, die ihn überlisteten. Endlich kömmt noch eine Schlacht, die er veranstaltet, in der die Griechen ausserordentlich leiden, und selbst der Freund des Achilles erliegt. Diese Schlacht sollte also eigentlich die Entwicklung seyn, und doch ist es nichts weniger, sie entscheidet nichts über das Geschick der Griechen, nichts für den andern Theil; im Grunde dauert sie sogar noch fort, als uns der Dichter verlässt. Von Achilles aber erfahren wir gar nichts weiter. Es ist noch alles aufgefacht, noch alles in Thätigkeit, nichts legt sich zur Ruhe, wir sind mit keiner Person am Ende, als mit Patroklos, der in dem historischen Gemälde eine blosse Nebenfigur ausmacht, über alles andere haben wir keinen Aufschluss, wir sehen nicht, ob Jupiter, ob Achilles zufrieden ist, ob alle diese aufgeregten Kräfte noch weiter thätig seyn werden, oder wo für die eine oder für die andere ein Ziel des Wirkens ist. Wir sind noch in der Mitte der Ereignisse, das Gedicht hat seinen Kreislauf nicht gemacht, es hat sich noch in Ansehung keines einzigen Gegenstandes abgewickelt.

Seinen Hauptgegenstand behandelt er in dem Zorne und in der heissen Begierde nach Rache. Und was geschieht, es gehen Schlachten verloren, weil er sie nicht mitkämpft, die edelsten der Griechen erliegen im Gefechte, sein Volk schmelzt dahin, und er ist die Pest der Seinigen, ohne weiter ihre Brustwehr, ihr Schutz zu seyn. Bedenken wir nun, dafs er zu Griechen singet, dafs er auf ihr Herz, auf ihr Gemüth zunächst eindringen musste; ihre natürliche Theilnahme war für das ganze Volk Nationaltheilnahme an seinem Wohl und Wehe: dafür soll er die Theilnahme einzig auf seinen Helden hinüberziehen, auf ihn die

Regun-

Regungen der Achtung, Verehrung, Liebe, des Mitleidens, der Freude zurückführen. Ein schweres Thema, wo das Interesse nothwendig getheilt ist, es für seinen Hauptvorwurf zu erlangen, aber ein unmögliches Thema, wo das Interesse des Patriotism, des Nationalantheiles sich nicht mit jenem des Helden vereinbaren lässt, wo dieser unmittelbar ein Feind von jenem ist, und der Untergang seines Volkes. Es muss also im Epos unveräusserlich noch eine Periode seyn, wo sich das getheilte Interesse wieder vereinigt, in der der Held das alles wieder gut macht, der Beschützer der Seinigen wird, und die Freude, der Ruhm und der Stolz seiner ganzen Nation. Wieviel wird also nach der XVIIten Rapsodie noch folgen müssen, bis das alles geschehen ist?

Was wäre hernach diese Rache in 17 Gesängen anders, als ein eitles Streben des Helden, was ihn im Ausgange lächerlich macht. Er will Rache, der oberste Gott hat sie ihm zugesagt. Nun fallen die Seinigen und selbst sein innig geliebter Freund, über dessen Verlust er untröstlich ist, und damit verliert er seine eigene Waffen, sein Kleinod von den Unsterblichen verfertigt. Das ist das Ende; ist dies der Plan für ein Heldengedicht, oder für eine Predigt, in der gezeigt werden soll, dafs sich gewöhnlich der in sein eigenes Unglück stürzet, der sich das wilde Vergnügen der Rache erlaubt?

Wir erfahren es nun freilich aus dieser Epopee nicht, ob auch sein Zorn ein Ende hat, ob er versöhnt ist, oder ob er bis auf den heutigen Tag noch zürnt; aber dafs er mehr als je Ursache dazu hat, ist gewiss. Das Verlorne, um was er zürnet, hat er wenigstens nicht zurück; aber dazu hat er gerade das Beste verloren, was er noch ungefähr hatte. Dieses lässt uns vermuthen, dafs er um nichts befriedigter ist, und es ist ein immerwährender Zorn, dessen Anfang der Dichter besungen hat, in dessen Mitte er verlegen ist, und dessen Ausgang niemand weiss. Um wie viel richtiger, mit wie viel mehr Wahrheit hat derjenige den Zustand des beleidigten Helden gekannt, welcher ihm in der XVIIIten Rapsodie diese Worte in den Mund legt:

> Tief aufstöhnend antwortete ihr der schnelle Achilleus:
> Meine Mutter, das hat nun der Olympier alles vollendet;
> Aber was ist mir das alles, nachdem mein theurer Genosse
> Fiel, Patroklos, welchen ich liebte vor allen Gefährten
> Wie mich selbst! Den hab' ich verloren! der mordende Hektor
> Nahm ihm die ungeheure Rüstung, ein Wunder zu schauen,
> Wie sie schön ist? Die Götter schenkten sie Päleus zur Gabe —

Wenn das alles so wahr ist, dafs es kein Mensch verkennen kann, so ist die Rache wohl nicht zu Ende, sondern sie bekömmt nur eine andere Richtung, und vereinigt sich izt mit dem Interesse der Griechen, mit dem Glücke seines Volkes, und izt erst fängt er an für die Griechen ein Held und ein Gegenstand des Ruhmes zu werden. Izt ist er sicherlich nimmer zufrieden, bis nicht der Mörder seines Freundes zur Straffe gezogen ist, bis er nicht seine Waffen wieder mit Ehre erworben hat, damit sie nicht einst ein Denkmal in Illion bleiben, was wider ihn bey der Nachkommenschaft zeuget.

Wie viel Homer dazu verlangt, um seinen Zorn zu besänftigen, hat er uns im 9ten Gesange gesagt, dort hat er uns einen Maasstab der Entschädigung vor Augen gelegt. Nach diesem muss sie gewiss herrlich und glänzend ausfallen. Da der Dichter mit all diesen Anerbietungen nicht einmal zufrieden ist, oder seinen Helden nicht zufrieden seyn lässt, so belieben wir nun daraus zu ermessen, was er ihm zugedacht hat. Denn wenn er ihm keine Genugthuung in der Zukunft weiter zugestehen wollte, so hatte der Dichter seinen Helden um nichts besser behandelt, als ein böses Kind, was mit dem Gegebenen nicht zufrieden ist, und nun gar nichts erhält. Muss aber das Gedicht nach diesem Anfange, nach dieser Vorbereitung verhältnissmässig fortschreiten, so wird wohl der Ueberrest der Illiade noch sehr nothwendig werden.

Achill ist der erste der Helden. Er muss es dem Poeten seyn, weil er sein Hauptvorwurf ist, der Erwählte vor allen, den er verherrlichen will, dem er Gesang und Leyer geweiht hat. Wir glauben es dem Dichter durch siebzehn Gesänge in der Hoffnung es zu sehen und überzeugt zu werden; wo es nun geschehen soll, beschliesst er sein Lied, und sezt uns zwischen Held und Poltron in Zweifel. Als er seinen getreuen Patroklos verlor, und alle seine Wuth gegen Troja und Hektorn erwachen musste und wirklich erwachte, als die mächtigste Triebfeder zu grossen Effekten in Bewegung war, die Machinerie zu den höchsten Hervorbringungen, lässt er alles unbenuzt und schweigt. Entweder war es geschichtlich ohne Folgen, und dann war der Achill nicht, für was ihn der Dichter hält, kein Mann seines Gesanges würdig; oder er war der ungeschickteste Kenner und Beurtheiler der Hülfsmittel zu einem Effekte, worüber er sich doch durch viele Proben zum Erstaunen gerechtfertigt hat, oder es muss sich daraus eine thatenreiche Fortsetzung in seinem Geiste entwickelt haben.

Allerdings muss auf den ruhenden Achill noch ein handelnder folgen. Ein ruhender Herkules ist ein Sujet für ein Gemälde, für eine Statue, für eine Idylle, für eine Episode, für eine Fabel, aber für keine Epopee, für keine Suite historischer Gemälde. Wenn le Brun den Alexander in allen Stellungen der Ruhe gezeigt hätte, so wäre zum wenigsten nichts gewisser, als dafs er die elendesten Momente aus dem Leben des Königes für die historische Kunst hervorgesucht hätte. Aber ungleich fehlerhafter müsste ein Heldengedicht seyn von einem nicht handelnden, unthätigen Helden, dergleichen das unsrige ist; und wenn wir anders zu einigen anständigen Erwartungen von den Fähigkeiten des Dichters befugt wären, so müssten wir von ihm noch eine zweyte Hälfte des Werkes erwarten, welche ihn aus seiner Widersezlichkeit in die Laufbahn der Thaten und Ehre führt.

Er hat uns aber auch für diesen Fall mehr als einmal ausdrükliche Versprechungen gemacht, und eine deutliche Ankündigung von zween Theilen, von einem Achill, der zürnet und ruhet, und von einem, der sich erhebt und kämpfet. Damals schon, als er im Schiffskataloge von ihm redet, wie er zürnend bey den Schiffen sizt, macht er die Prognose, dafs eine Periode des Wirkens und Handelns darauf folgen werde. II. 694.

της ογε κειτ' αχεων, ταχα δ' ανςησεσθα εμεἤεν.

So auch VIII. 474. X. 105—8. Nicht so ausdrücklich an mehrern andern Stellen.

Wenn sich also nach der Ruhe und Unthätigkeit, erst nach dem XVIIten Gesange, der Schauplatz des Helden, das Feld der Thaten und des Namens eröffnet, so lassen sich seine angelegentlichsten Verrichtungen errathen aus dem Gemüthszustande, in welchen die Folge der Begebenheiten den aufgebrachten Fürsten versezt hat. Er muss den Trojern das ewige Tropee des Ruhmes, was sie von ihm gewannen, wieder abnehmen: er muss den Mörder seines Freundes noch bestraffen, den unüberwundenen Priamiden. Darauf hat es Homer auch vorbereitet. Hektor hat kaum diese Waffen erobert, so legt er die seinigen weg, und schmückt sich mit dem neuen Raube. Sie sind noch in keinem Tempel niedergelegt, noch prangen sie nicht in einem der Palläste von Illion, sie sind mitten im Schlachtgetümmel, und sind wieder zu erkämpfen. Homer legt sie ihm hin; er darf sie nur gewinnen, und er kann sie nicht gewinnen, ohne den Freund zu rächen, und den Mörder desselben zu züchtigen, und kann nach Gebühr den Mörder nicht züchtigen, ohne sie wieder zu erobern. So ist alles in einem vereint. Er kann sogar nicht der erste Held des Gedichtes werden, ohne den, der es bisher war, ohne Hektorn zu besiegen. Auf diese Entwicklung hat der Dichter im XVIIten Gesange schon eingelenkt, wenn er anders die Machinerie nach seinen Absichten geleitet, und die Kunst verstanden hat, die Erklärung seiner Gedanken den Geschöpfen seiner Einbildungskraft aufzutragen. Hektor zieht die Waffen des Achilles an, und freut sich seiner schönen Beute; aber der Vater der Götter und Menschen schüttelt sein Haupt, sieht darinn sein Verderben und sein herannahendes Loos. So hat er der verborgenen Anordnung auch noch eine vernehmliche Aeusserung beygefügt, um die eine durch die andere ins Licht zu setzen.

Gut, wird man mir einwenden; aber dieses alles erfüllet sich schon im XXIIten Gesange: somit wäre hier der natürliche Schluss der Illiade, und der XXIII und XXIVte sind überflüssig. Ich aber finde es, wenn er den lezten Ehrenbezeugungen des Patro-

klos die ganze XXIIIte Rapsodie wiedmet, der herzlichen Liebe
des Helden, und insbesondere der Meinung der Zeit, ihren Begriffen von Pflicht, und der Heiligkeit dieser vaterländischen Sitte
sehr angemessen. Die zärtliche Sorge, die er mitten unter den
Beschäftigungen zur Schlacht, selbst seiner Mutter, der silberfüssigen Göttin überträgt, dafs der Leichnam nicht in Verwesung
übergehe, zeigt es schon, dafs er zu etwas weiterm vorbehalten
ist, die Opfer, die er ihm unter dem Gemetzel aufsammelt, damit sie bey dieser Feierlichkeit bluten, das alles und andere Umstände, die erschütternde Skene mit der Briseis, als sie ins Gezelt zurükkömmt und den Leichnam erblickt, die überhand nehmenden Thränen aller Führer, als sie den Pelionen trösten wollen,
und alle Kunstgriffe, die Homer angewandt hat, die ausserordentlichste Theilnahme für ihn zu suchen, machen uns darauf begierig, und erregen die Erwartung, dafs seine Bestattung herrlich
werden, dafs sie hohe heilige Freundesangelegenheit, eine Frucht
des Sieges, und der erste Genuss desselben seyn sollte.

Aber was ist es denn mit dem lezten Gesange? Wie ist es
nicht derjenige, der den Achilles am meisten verherrlicht? Priam
zu seinen Füssen — ist nicht erst izt sein Triumph vollendet! Erscheint wohl der Held in einem Stücke so gross, so voll Seelenadel, so menschlich in aller seiner Entrüstung! Bisher sahen wir
nur Züge eines erschrecklichen Herzens, des aufgereizten verwilderten Kriegsmannes, aber noch keine erhabenen, edlern Gefühle
der Heldenzeit. Der Dichter hat diesen Mangel schon früher zu
ersetzen gesucht. Damals als nach dem Tode des Patroklos die
Aussöhnung mit dem Atriden zu Stande kömmt, und ihm die
Griechen jede Entschädigung anbieten, ist er damit zufrieden,
dafs ihn Agamemnon um Verzeihung bittet, und verwirft gross-

müthig alle Geschenke. Das alles ist izt für sein erhabenes Herz zu klein; die Griechen bringen ihm alles ohne sein Geheiss ins Gezelte. So endet die Rache gegen die Griechen. Auch an Hektorn ist die Rache vollzogen, nun ist auch für die Empfindungen einer hohen Seele Raum, und eines edeln Herzens selber gegen Feinde. Der erzürnte raset nicht bis auf den lezten Augenblick, er vergreift sich in der ersten Hitze gegen einen Leichnam, aber dann wüthet er nicht länger gegen die Todten; er vergönnt dem Verblichenen die lezte Ehre und sein Grabmal, und den Seinigen die Beruhigung, ihre heilige Pflicht an ihm vollbracht zu haben. Also musste auch die Rache gegen die Trojaner enden, Stück und Gegenstück sich rühmlich schliessen. Nun hat das Gedicht einen Kreislauf vollendet, beyde Theile sind an einem Ziele, jede Handlung erreichte ihren Ausgang, alle Bewegung, alle Thätigkeit kehret zur Ruhe zurück.

Aber ich muss aufhören, was ich auch noch sagen möchte; ich verirre mich zu weit von meinem Vorwurffe, vergesse die Einheit meiner Abhandlung, während dem ich jene der Illiade verfolge. Welcher Gegenstand konnte aber auch verleitender seyn? Wo ist so viele hohe Kunst verschwendet, so viele Anordnung aller einzelnen Theile, so viele Ueberlegung zum Zwecke, so viele Weisheit zur Produktion eines Ganzen, so herrliche Progression in der Einwicklung und Lösung, so viele Einheit und Totalität? Hat Aristoteles umsonst die vollkommene Einheit des Homerischen Epos angepriesen? Ist sein Grundsatz nicht ein wirkliches Medusenhaupt, was jede kühnere Hand versteinert, die ihm nur einen Gesang rauben wollte. Ich darf mich nicht weiter vergessen, soviel mir auch noch Stoff vor der Hand liegt; aber soviel meine ich, ist doch aus dem wenigen anschaulich, daſs die Illiade ein Einziges und ein Ganzes ist.

Und nun was lernen wir für uns daraus, zu unserer Absicht? Wenn die Iliade ein Ganzes ist, ein so grosses Ganzes in ihrer ursprünglichen Anlage, ein so vollkommenes Ganzes, auf dessen Totalität und Einheit alle einzelnen Handlungen abgemessen und überlegt, alle untergeordnete Zwecke berechnet, und die Umstände bis ins Detail erwogen und überdacht sind, konnte wohl ein so grosser, weit aussehender, und bis auf alle Kleinigkeiten beabsichteter Plan, der einen so zusammengesezten Mechanism, und einen so genau ineinander passenden Gliederbau hat, allein im Geiste befasst, behalten, und bis auf die kleinsten Nebensachen so zu Stande gebracht werden, ohne daſs dem Dichter das Hülfsmittel der Aufschreibung zuweilen zu statten kam? Ich erstaune mich nicht über die, die es auswendig lernten, wenn es einmal fertig und da war; aber über das ungeheure Genie des Mannes, dessen Geist auf so viele tausend Dinge geheftet, dessen Aufmerksamkeit auf so viele tausend Gegenstände kleinerer und grösserer Art vertheilt war, wie er einen Anfang und ein Ende im Ganzen fand, ordnete, anlegte, ausbildete, alle Fäden zusammengriff, auf einen Punkt knüpfte, im Einzelnen und im Ganzen gleich wirksam war, wie er im Endlosen Ordnung schuff, und selber aus dem schrecklichen Reichthumme seiner Ideen wieder herauskam, wenn er überall nichts, als sich selbst zu Hülfe hatte. Wie er das ohne Schrift hinausflocht, begreiffe ich nicht, und weiss es gewiss, daſs es mir kein Sterblicher begrifflich machen kann, und weiss noch dazu, daſs ich nicht der ungelehrigste unter den vielen Tausenden bin, die es begreiffen sollen. Oder wollen wir ein Wunderwerk annehmen, um ein Phänomen nicht

auf

auf dem Wege erklären zu dörffen, auf welchem es den menschlichen Kunstfähigkeiten möglich und natürlich ist?

Ich halte darum dafür, daſs nur die Schreibekunst das Mittel war, wodurch der unsterbliche Dichter seinen eigenen Ruhm erwarb, etwas Grösseres als alle Menschen vor ihm zu Stande brachte. Es waren viele der Helden vor Agamemnon, aber keinem konnte das Glück eines solchen Liedes werden, wenn sich auch kein kleinerer Geist in der Brust ihrer Sänger regte, weil jeder ohne dieses Hülfsmittel erliegen musste. Diesem Umstand ist es Homer schuldig, daſs er eine Epoche machte, der erste alle Werke des Geistes übertraf, nicht wie seine Vorfahren bey einzelnen Liedern stehen bleiben musste, sondern einen so grossen, weitschichtigen Plan in der Seele fassen, sich in ein so kühnes Unternehmen hineinstürzen, es mit so hohem Auffluge vollenden, und die grossen Ansichten seines Genies realisiren konnte.

Von ihm beginnt ja sogar das Zeitalter der Epopeen, und Griechenland sah über einmal eine Menge Gedichte, die von nicht geringerm Umfange und in einem ähnlichen Plane verfasst waren. Denn daſs die Natur sich an der Geburt Homers erschöpft und einen ganzen Zeitraum keinen Dichter mehr hervorgebracht habe, ist weiter nichts als eine Phrase. Wir dörfen uns deshalb nur an die Stücke erinnern, deren wir gelegenheitlich bey Solon erwähnt haben, den Margites, die Epigoni, die kyprischen Lieder, die Nosti, die Eroberung Oechaliens, und die kleine Ilias, und mehrere andere, derer die Alten Meldung thun, die man meistentheils auf Homers Rechnung schrieb, weil er alles verdunkelte und sein Name alles empfahl. Dahin sind die Κυκλοι und das geschmacklose Volk der Kykliker nicht einmal zu rechnen,

Q

denn sie sind nur noch halb und halb Dichter, beschlossen die schönere Epoche der Epopee, und führten unschuldig den Geburtstag der eigentlichen Geschichte herbey. Sie waren singende Chronikschreiber unseres Mittelalters, die vom Chaos anfangen und den Schöpfungstagen, um auf Friederich den Rothbart zu kommen, von dem sie uns dann einige Lebensjahre aus ihrem eigenen Vorrathe zum Besten geben.

Wenn wir uns nun bey Homer selbst auf ein Mirakel bescheiden wollten, so werden wir doch das Zeitalter der Epopee, was von ihm anhebt, nicht ohne Schreibekunst denken können.

Trojanischer Krieg.

Wie weit hinter Homer zurück im Alterthumme die Begebenheiten angesezt werden müssen, welche seine zwey Heldengedichte erfüllen, ist noch so ausgemacht nicht, als wir es wünschen möchten. Wir sind daher nicht in der Lage aus dem ziemlich fertigen Schriftgebrauche, den die Abfassung der beyden homerischen Werke nothwendig erheischt, Schlüsse zu machen, in wie weit schon in den Zeiten des trojanischen Krieges eine Schriftkenntniss erfoderlich ist. Denn eine so fertige Ausübung von was immer für einer Kunst setzet einen längern Umtrieb derselben unter den Menschen voraus, wie überhaupt jede Fertigkeit, derer keine ohne viele Versuche und andaurende Verwendung entsteht. Der Anfang einer solchen, das Beginnen dazu, ist daher immer der Zeit nach von ihr selber getrennt, und beyde liegen oft sehr weit auseinander. Wir können desswegen ohne Uebertreibung aus den homerischen Kunstfähigkeiten wenigst so viel folgern, dass nicht erst in seinen Tagen der Anfang zu ihrer Ausübung gemacht worden ist.

Führen uns nun geschichtliche Aussagen einen Schritt weiter in die Vorzeit hinauf, so ist er auf eine gewisse Weise in dem Zustande des homerischen Zeitraumes schon angekündigt, und kann mit Zutrauen auf unsere Führer geschehen. Eine Menge Gewährsleute legen dem Palamedes, einem Helden des trojanischen Krieges, grosse Verdienste um die Buchstabenschrift bey; darinn sind sie vollkommen einig. Nur wenn sich um die Verbesserungen insbesondere handelt, die er gemacht hat, gehen sie in Meinungen von einander ab. Trennen wir die Nebenanmerkungen von der Hauptsache, so wird die Kritik sehr wenig an ihr auszusetzen finden. Denn die Umstände entkräften die Wahrheit einer Thatsache nur dann, wenn sie eben so gut wie das Faktum bezeugt, von ihm unzertrennlich, und doch unvereinbarlich mit ihm sind.

So wie im Zustande der homerischen Schreibekunst schon Nachweisungen auf ein älteres Daseyn derselben vorhanden sind, die uns den trojischen Zeiten näher bringen, so sind auch mehr als ein halbes Jahrhundert vor ihnen schon Zubereitungen darauf — also vor und nach ihnen Gründe, welche die Zeugenschaften unterstützen, die der in der Mitte liegenden Periode und dem Palamedes ein Verdienst an dieser Kunst zusprechen. Wenn man nämlich in der dritten Generation vor der Belagerung Illions zu Argos schon Begriffe von einer Correspondenz durch gewisse Zeichnungen und hieroglyphische Charaktere gehabt hat, dergleichen dem Bellerophon nach Lykien mitgegeben wurden, so war man so nahe an der Buchstabenschrift, dafs in den Tagen des Palamedes keine Nachricht davon verwerfflich, oder ausser der Ordnung der Dinge ist.

Doch wenn wir diese Zeugnisse für unsern Helden, welche sich im Zusammenhange der Begebenheiten vor - und rückwärts bestätigen, nicht hinlänglich finden sollten, weil sie uns durch Schriftsteller zukommen, die bey allen ihren übrigen Vorzügen darauf keinen Anspruch machen können, Griechenland und seine Litteratur noch in ihrem höchsten Glanze gesehen zu haben, so sind wir darüber in keiner Verlegenheit, sondern sind noch im Stande, ein solches aufzuführen, welches auch dieser Anfoderung vollkommen entspricht.

Und nicht allein das; sondern ein solches Zeugniss, welches so viele Uebereinstimmung mit der Natur der Sache, eine so unerwartete Kenntniss derselben, und so viele unverdächtige innere Begläubigung hat, daſs es, unabgesehen auf alle übrige Empfehlungen, in dem Innhalte die Beurkundung der Wahrheit mitbringt. Es ist das Zeugniss des Euripides in dem berühmten Fragmente bey Stobäus. Da es meines Wissens seine völlige Deutung noch nicht erhalten hat, so sehr sie einem beym ersten Anblicke entgegenkömmt, so wollen wir es näher betrachten, und zu diesem Zwecke den Text aussetzen:

τα της γε ληθης φαρμακ' ορθωσας μονον
αφωνα, και φωνεντα, συλλαβας τιθεις
εξευρον ανθρωποισι γραμματ' ειδεναι.

Der Held rühmt sich seiner Erfindungen zur Bildung und Veredlung der Menschen; ein seltenes Verdienst des Kriegsmannes, würdig eines immerwährenden Andenkens. Und welchen Antheil legt er sich nun an der Buchstabenschrift bey? Es ist nicht das Ganze, was er sich zumisst, sondern nur eine διορθωσις (ορθωσας μονον) eine Vervollkommnung, Verbesserung. Den Ausdruck μονον sollte man zwar nicht mit ορθωσας verbinden. Er spricht nämlich vom Guten, dess er sich bewusst ist, mit Würde und Behauptung, und ist nicht daran es selbst zu verringern. Wir müssen daher das μονον zu αφωνα ziehen.

Er nennet nun unter den Schriftzeichen μονον αφωνα, die für sich lautlos sind, Consonante, und φωνευτα, Lautbuchstaben oder Vokale. Die ersten, die lautleeren Zeichen waren es, die er schon vorfand, und an denen, wie er sich erkläret, ορθωσας ληθης φαρμακα μονον αφωνα, seine Diorthose beschäftigt war.

Diesen unbelebten Characteren gab er Schall und Stimme, er that nämlich Vokale hinzu, φωνευτα. Es sind sich Consonante und Vokale entgegengesezt; die ersten traf er an, die andern schuf er hinzu. Der Ausdruck ist sehr bestimmt, und überlässt keinen Zweifel: ορθωσας μονον αφωνα, και φωνευτα τιθεις. Dieser Sinn bestätigt sich auch noch daraus weiter, dass er sich rühmt, Sylben zu Stande gebracht zu haben: συλλαβας τιθεις. Dessen konnte er sich nur dann rühmen, wenn keine Vokale vorhanden waren. Denn sobald man einmal Vokale hat zu den Consonanten, ist die Sylbenschrift schon fertig.

Somit wissen wir, was der Dichter will, und es ist nunmehr die Frage, was er verständiges und wahres gesagt hat. Und das ist in der That so viel, dass wir recht daran sind, wenn wir uns darüber verwundern. Allerdings waren die ältesten Schriftzeichen nichts als μονον αφωνα, lauter Consonante, damals, als sie die Phönikier nach Griechenland gebracht haben. In der punischen Schrift musste man die Vokale hinzudenken, hinzusprechen, und später hinzupunktiren. Der Bau ihrer Sprache, oder

der syrischen, hebräischen, und anderer verwandten Mundarten erlaubte dieses; aber die Beschaffenheit der griechischen nicht.

Unter den Ursachen, welche sämmtlich hier aufzusuchen der Ort nicht ist, fällt uns die Menge der Vokale bey den Griechen zuerst in die Augen. Sie haben oft in vielsylbigen Worten kaum einen oder zween Consonanten, so daſs in einer Consonantschrift statt eines ganzen Wortes nur ein paar Buchstaben erscheinen würden. Wie viele Buchstaben hätten wir z. B. in ηελιοιο, wenn keine Zeichen für die Selbstlauter existirten? Umgekehrt ist es bey dem Phönikier; die Worte bestehen aus lauter Consonanten, und die Vokale werden ihnen nur als Hülfstöne beygegeben. Sodann ist es der Gebrauch der Vokale im Anfange der Worte und Sylben, welche der Orientaler durchaus mit Consonanten beginnt, denen er die entsprechenden Vokale nachträgt. Er kann immerhin sein Wort anfangen und zusehen, was unter der Hand daraus wird, und welche Töne er hinzudenken oder sprechen muss; aber der Grieche musste unter den vielen Wahlen, die er hat, gleich beym Anklange in Verlegenheit kommen. Die Endungen der Worte, welche im Griechischen in Ansehung des Satzes und seines Sinnes einzig bestimmend sind, geschehen meistentheils mit Vokalen. Anders ist es im Phönikischen; die Flexion der Haupt- und Zeitwörter, und ihr Ausgang bildet sich allemal durch Mitlauter, so daſs die Sprache an Bestimmtheit nichts verliert, wenn auch die Vokale mangeln, die man nach Maasgabe in der Aussprahe hinzuthut. Dieses wenige ist schon genug, um es einleuchtend zu machen, wie geschickt eine blose Consonantschrift für die griechische Sprache gewesen seyn muss. Wenn wir uns weiter das Vergnügen machen wollen, es in einem Beyspiele zu betrachten, so mag der erste Vers unseres Fragmentes dazu dienen:

ΤΤΣ ΓΛΘΣ ΦΡΜΚ ΡΘΣΣ ΜΝΝ.

Haben nun die Griechen vor Einführung der Vokale je etwas geschrieben, so möchte ich wissen, wen es gelüsten konnte, es zu lesen und zu entziffern?

Diese Verbesserung war also immer eine der ersten und nothwendigsten, die mit einem solchen Alphabete vorgenommen werden musste, bis es für die Griechen von einigem Gebrauche seyn konnte, und Euripides beurkundet ein solches Faktum, welches unausbleiblich, und im Anfange der griechischen Schreibekunst geschehen seyn musste, und für sich unwidersprechlich wahr ist. Wenn er nun über die Sache, die für einen Griechen eben nicht leicht zu begreiffen war, aus seinen Quellen so wohl unterrichtet ist, so kann er es in Ansehung der Person, die das ausgeführt hat, um so mehr seyn, weil sie viel näher in dem Gesichtskreise, und vor den Beobachtungsfähigkeiten des alten Epos und der alten Sänger lag. Der Tragiker hat sich also hierüber wirklich aus sehr schönen epischen Denkmalen unterrichtet.

So unbrauchbar, um die Sache weiter zu verfolgen, ihnen in diesem Zustande die punischen Zeichen gewesen sind, so lagen doch in ihrem Alphabete gewisse Buchstaben, die sie mit einer kleinen Wendung herübernehmen, und nach dem Genius ihrer Sprache zurecht richten konnten. Die Kehlenmodulation Aleph, der schnarrende Ton Ajn, waren dem hellenischen Munde fremd, und den Hauch He konnte man zum selbstendigen Laute verwenden. So wurde Aleph für den Vokal A, He für E, Ajn für O eingeführt, und Jod musste für I gelten. Mit Aleph, He,

Jod, hat es kein Bedenken, dafs es sich aber mit dem Ajn so verhalte, zeigt die ehemalige ovale Gestalt des pönischen Zuges, welchen das O izt noch nachbildet, und seine Stellung vor dem Pi. So weit gieng die Verbesserung und nicht einen Schritt weiter, als das vorhandene Alphabet nachwies. Man bemühte sich sogar nicht einmal um ein Zeichen für das U; sondern das O musste die Funktion desselben vertretten, wie aus Innschriften genug bekannt ist. Dabey blieb es viele Jahrhunderte, und sie schuffen sich diesen Buchstaben nicht einmahl mehr in den folgenden Zeiten; sondern bequemten sich nachher, zwey Zeichen dafür zu gebrauchen, das O und Y, welches leztere sie später von den Phönikiern erborgten.

Etwas ausserordentliches war es also nicht, was geschehen ist, das Genie hatte sich keines Weges darinn erschöpft, und über die möglichen Grenzen der Einsicht in den Zeiten des trojischen Krieges hinweggeschwungen. Es gehörte ein Zeitalter wie dieses dazu, um sich damit einen ewigen Ruhm zu verdienen. In den Folgen aber war diese Entdeckung von einem ausserordentlichen Werthe, denn von ihr datirt sich die Brauchbarkeit des Alphabetes und die erste Schreibfähigkeit der gesammten griechischen Völker, und der Schluss des Fragmentes ist hierinn vollkommen wahr: εξευρον ανθρωποισι γραμματ' ειδεναι.

Somit ist es auch richtig, was die Alten bey Plinius sagen, * Palamedes habe in trojischen Zeiten vier Buchstaben erfunden, obschon sie nimmermehr wussten, welche, oder sich verleiten lies-

---

* Hist. nat. VII. 56.

liessen, auf andere zu rathen, weil sie ein griechisches Alphabet ohne Vokale nicht denken konnten, und weil sich im ersten Alphabete von 15 oder 16 Zeichen ihres Wissens diese Buchstaben schon vorfanden, oder diese Gestalten, denen der Held eine neue Bestimmung ertheilt hat.

Und auch das ist richtig, was einige bey Tacitus * behaupten, nämlich es gehöre das gesammte Alphabet und seine Erfindung dem Palamedes an. In Ansehung der Griechen und abendländischen Nationen war er wirklich derjenige, von dem die Brauchbarkeit desselben abhieng, und welcher es ihnen so in die Hände gab, daſs es für sie anwendbar würde. In ihren Augen ist er wenigst mit Recht so weit der Erfinder, als es für sie nicht existirte, bis er es ihnen mit seinen Modificationen und seiner Anleitung zu ihrem Gebrauche mittheilte.

So hat das Zeugniſs des Euripides nicht allein innere Wahrheit und Sachkenntniſs, sondern vereinbart alle übrigen Berichte und macht es gleichsam anschaulich, wie diese Abweichungen entstanden sind, und gemeinschaftlich wieder auf eine Quelle zurükkehren.

K a d m u s.

Wir sind nun bis auf Homer und bis in die trojanischen Zeiten hinaufgekommen, und haben sogar Weisungen bis auf die erste thebische Belagerung, und zu Folge anderer Quellen selbst bis zum Ursprunge von Thebe. Aber Palamedes scheint den Gebrauch der Schrift seinen Vorfahren streitig zu machen, und in seiner Person die Grenze zu sezen, über welche hinaus

---

* annal. L. XI. 14.

alle Erwartungen von dem Daseyn einer solchen Kunst weiter nichts sind als gläubige Zumuthungen, die aus dem was der Held gethan hat, schon wiedersprochen sind.

Allein lassen wir uns Zeit zur Ueberlegung: das was er that, setzet ja voraus, daſs er das pönische Alphabet schon vorgefunden hat. Er war ja nur damit beschäftigt, es dem griechischen Munde mehr anzupassen und dem Organe, worauf die Abweichungen der menschlichen Sprache beruhen, in wie fern sie (unabgesehen auf die Theile der Rede) in Ton und Klange voneinander abgehen. Die Alten sagen daher in Bezug auf die Erkundigungen, die wir von Palamedes und seinem Unternehmen eingebracht haben, noch nichts unvernünftiges, wenn sie die Ankunft der phönikischen Schrift in Griechenland etwas früher ansetzen.

Gut; aber wenn sie nach ihrem Vorgeben zwey und dritthalbhundert Jahre früher zu den Griechen gebracht wurde, bevor sie nur den geringsten Gebrauch davon machen konnten, wie war es denn möglich, daſs man dieses unnütze Ding nicht wegwarf, vergaſs, sogar der Aufbewahrung würdig fand, und was man nicht verstand, doch der Nachkommenschaft mittheilte und anempfahl, wo man noch keine Idee hatte, daſs einer gebohren werden dürfte, der etwas Gutes daraus zu machen wüſste? Wie kann man von bildungslosen Zusammenwohnungen oder Horden auch nur eine Aufmerksamkeit für einen solchen Gegenstand erwarten?

In der That liesse sich dagegen nichts sagen, es wäre lächerliche Mühe, darüber nur ein Wort zu verlieren, wenn Griechenland nicht so frühe auswärtige Colonien bekommen hätte, die ihre gesellschaftlichen Verbesserungen, Bildung, Kenntnisse und Sprache mitbrachten und lange behielten. So hatte unter Anführung des Kadmus eine phönikische Ansiedlung an der böotischen Küste gelandet, eine frühere in Attika unter Kökrops aus Aegypten. Auch in Euböa dem Vaterlande des Palamedes hatte sich eine solche niedergelassen, die mit Kadmus schifte. Unter den punischen oder aegyptischen Ankömmlingen konnte lange ihre vaterländische Schrift fortgepflanzt worden seyn, bis sich die Entwicklung der griechischen Fähigkeiten anschickte, etwas solches brauchbar oder wünschenswerth zu finden, und ihrem Nationallaute anzupassen. Dann waren es auch noch verschiedene pelasgische Stämme, die bis auf die Zeiten des persischen Krieges sich unter den Griechen als eine abgesonderte Menschengattung erhielten.

Nachdem nun im Zusammenhange der Begebenheiten sich alles zurecht legt, und sich sogar Wahrscheinlichkeiten hervorthun für ein älteres Daseyn der Schrift in dem hellenischen Vaterlande unter den angesiedelten auswärtigen Völkerstämmen, bevor die Eingebohrnen an den Kenntnissen des gebildetern Lebens, welche jene aus einem mildern Himmel herübergebracht haben, Antheil nehmen konnten: nachdem wenigst ein früheres Daseyn derselben aus den Versuchen des Palamedes, die er daran unternommen hat, erhellet, so sind wir bereits weniger über die Sache im Zweifel, als vielmehr über die Frage, wie lange vor dem Zeitalter dieses Verbesserers die Schreibekunst in unserm Erdentheile angekommen sey. Es ist daher nichts billiger, als daſs wir die Alten darüber zur Rede kommen lassen.

Den ersten Bericht unter den Vorhandenen haben wir von Dionys von Milet. Er schrieb eine Geschichte von den Urzeiten

Griechenlandes, von dem Zeitalter der Götter, jenem der Helden, dem trojanischen Kriege und weiter herab. Der Stof und die Dokumente seines Werkes lagen daher in den Zeiten, wo Gesang und Epos einzig über das Andenken der menschlichen Dinge wachten, und der Sänger und Geschichtforscher in Verrichtung und Beruffe noch nicht getrennt waren. Er nannte das Werk einen Κυκλος, und im Grunde war es von dem poëtischen Kyklos nur in der Sprache unterschieden, und in einer strengern Würdigung der Quellen, wodurch es sich mehr den Gesetzen der Geschichte näherte.

Nach ihm kam die erste Schrift mit den Phönikiern nach Griechenland, welche sich mit Kadmus bey Böotien ans Land geworffen hatten; doch eignet er ihnen zu viel Verdienst zu, und legt ihnen die Ehre bey, damit jene Veränderungen getroffen zu haben, welche der Hellenischen Aussprache angemessen waren. Die Pelasger sollen diese verbesserte Tonschrift zuerst angenommen haben, woher man sie die pelasgische nannte. *

Darüber war er nun nicht unterrichtet, daſs er die Pelasger und Hellener als Völker von einerley Sprache, und die Aenderungen die für jene vorgenommen wurden, auch für diese als vollkommen hinlänglich dachte. Aber in der Hauptsache ist die erste Mittheilung der Phönikier an die Pelasger kein verwerfliches Vorgeben; denn die tyrrhenische Schrift ist sicher älter als die römische, die doch beinahe als gleichzeitig mit dem Ursprunge des Staates behauptet wird.

Seine Quellen waren zwar Lieder und Dichter; ** aber ist

---

* Diodor. L. III. p. 140. Ed. Steph.

** παρκτιθεις τα ποιηματα των αρχαιων, των τε μυθολογων και ποιητων. Diodor. l. c.

darum sein Ansehen nichts? Wären die Bardiette der Deutschen keine geschichtlichen Monumente, wenn wir das Glück hätten, sie wieder zu finden? Wenn Völker noch in einem Zustande sind, wo sie in einer stumpfen Rohheit kein Selbstgefühl und keine Vorstellung von Nationalehre haben, so ist es unmöglich, etwas über ihre Geschichte bey ihnen zu finden. Oder wenn ihre Begebenheiten nur vom Vater zum Sohne in Erzehlungen fortgehen, so verändert sie die Zeit, oder sie ersterben irgend in einem Munde; aber wenn sie im Liede ihre bestimmte Form erhalten haben, so wandeln sie in derselben ohne Zusätze wie in einem Buche fort, nur das eine im Kopfe, das andere in den Händen. Dieses ist der Fall bey den Griechen, denen noch das zu statten kömmt, dafs, wo sie sich in ihrer eigenen Rohheit nicht beobachteten, schon Fremde bey ihnen wohnten, welche in Bildung und Einsicht vor ihnen waren, und die Depositäre ihrer Geschichte seyn konnten, bis sie verständig genug wurden, sie aus den Händen derselben zu empfangen, ihre Aufbewahrung selber zu übernehmen und zu besorgen. Daher gehet der Anfang ihrer faktischen Lieder nach der Einwanderung der Fremden immer auf eine zuverlässigere Bürgschaft zurück, als sie selber abgeben konnten, bevor sie von jenen Druck und Form der bessern Bildung angenommen hatten.

Der nächste ist nun Herodot. Er erwartete aus dem historischen Kyklos keinen Ruhm mehr; dieser Pfad war schon durch viele Vorgänger ausgetretten. Daher erbrach er die Schranken, in denen sich die Geschichte bisher erhalten hatte, und eröffnete sich eine eigene Laufbahn. Von diesem Augenblicke an war der Geschichte ein neues Gebiet angewiesen, und die grösten Geister thaten sich der Reihe nach in ihrem Dienste hervor. Es hatte nämlich von dem Zeitalter der sieben Weisen und dem Ursprunge der eigentlichen Wissenschaften Griechenland eine neue Gestalt angenommen, und die Urtheilskraft wurde zu litterarischen Unternehmungen jeder Art geschärft und geübt. Die Quellen für die Geschichtforscher wurden zahlreicher, die Data zuverlässiger und bezeugter. Zugleich aber auch eröffnete sich eine Periode für den Griffel der Geschichte, die ungleich herrlicher und glänzender war, als alles vorhergehende. Die Griechen hatten sich in dem persischen Kriege einen grenzenlosen Ruhm in den Augen der ganzen Welt errungen; dem gröfsten und furchtbarsten Staate von Aufgang zum Niedergange das Gleichgewicht gehalten, da sie ihren ungeheuren Heeren fast nichts als ihren Geist und ihre Tapferkeit entgegensetzen konnten. Dieser Zusammenfluſs von Umständen machte ihn zum Homer der Geschichte.

Er bearbeitete nun diesen letzten Zeitraum der Begebenheiten seines Vaterlandes. Um sie auf ihre ersten Ursachen zurückzuleiten und die entferntern Veranlassungen aufzusuchen, zugleich ein Bild aller bedeutenden Staaten zu entwerffen, die auf die eine oder andere Weise darinn wirksam waren oder es seyn konnten, fieng er von Kyrus an, der das neue persische Reich gegründet hatte, beobachtete seine weitern Fortschritte, sein Verhältniſs zu Aegypten, Lydien und den asiatischen Griechen, und die allmähligen Vorbereitungen, die den Krieg herbeyführten und nach Europa spielten. Diese Grenzen, die er für seine geschichtlichen Erforschungen ausgesteckt hat, müssen darum in den Augen behalten werden, damit man nicht aus Unachtsamkeit in Ansehung derselben ein Gewicht auf den Einwurf lege, den man gegen das Alter der Schreibekunst, und gegen seine eigenen Angaben daher genommen hat, daſs er fast nie älterer Monumente erwähne, oder epigrammatischer Denkmäler, deren doch viele hätten in Griechenland vorhanden seyn müssen, wenn es mit seinen Nachrichten von dem Alter der Schreibekunst seine Richtigkeit hätte. Alles was er von den Zeiten vor Kyrus erzählt, sind nur zufällige Ausschweiffungen, Episoden die er sich erlaubt hat, um seine Begebenheiten mehr zu beleuchten, oder irgend etwas genauer zu entwickeln. Wir vergessen darum seinen Plan, wenn wir Ereignisse aus einer frühern Welt von ihm verlangen.

Eine solche Episode ist sein Bericht über die erste Ankunft der Buchstaben in Europa. Er sagt Phönikier haben mit Kadmus in Böotien gelandet und sich angesiedelt, sie haben Kenntnisse und Buchstaben nach Griechenland gebracht, nämlich diejenigen, welche die Phönikier durchaus gebrauchen. Im Verlauffe der Zeit hätten sie ihre Sprache und auch einiges an den Buchstaben geändert. Damals haben in diesen Gegenden um sie her gewohnt die Joner, und die Buchstabenschrift von ihnen gelernt, und mit einigen Umbildungen für sich brauchbar gemacht. Sie behielten auch immer ein dankbares Angedenken an diejenigen, welche sie ihnen mitgetheilt hatten, nannten sie phönikische Zeichen und behaupteten, daſs ihnen der Name daher gebühre, weil sie mit diesem Volke das erstemal nach Hellas kamen. Herodot selbst macht dabey die Bemerkung, daſs es ihm scheine, in Griechenland hätte man vorhin noch keine Buchstaben gehabt; er konnte dabey nur auf die aegyptische

Colonie unter Kekrops gedacht haben, die den Kadmeern diesen Ruhm hätte streitig machen können. *

Dieses alles erzehlt er gelegenheitlich wegen Harmodius und Aristogiton, welche gephyräischer Abkunft waren. Dieser Völkerstamm hatte aus Ursachen seinen Ursprung selber nicht getreu angegeben; der Historiograph forschte nun weiter im Alterthume zurück demselben auf die Spur, ** und mit so vieler Sachkenntnifs, dafs er alle Partikularitäten seiner Geschichte erörterte, und selbst ihre Abstammung und Herkommen ins Reine brachte. Sie waren nämlich Kadmeische Ankömmlinge. Ein Schriftsteller, welcher in einer Sache, die eben die Aufmerksamkeit der Vorzeit, und das Andenken der folgenden in keinem besondern Grade verdiente, so genaue und detaillirte Erkundigungen einzubringen im Stande war, mufs es allerdings noch mehr seyn in einer welthistorischen Frage, die ein allgemeines Aufsehen erregte, und eine besonders geschäftige Theilnahme der Muse. Wenn er in Geschlechts- und Familiennachrichten so glücklich bis zum Anfange hinaufdrang; wie viel mehr haben wir uns zu versprechen in einem Gegenstande, der um nichts weiter im Alterthume zurückliegt, aber in seiner Wichtigkeit eine Nationalbegebenheit war, welche die Bildung von ganz Griechenland betraf, wenn auch noch kein Sterblicher vermuthete, von was für einem Werthe sie für Europa seyn dürfte, dem Sitze aller Künste und Wissenschaften.

Dann waren es die Joner, der eigene Völkerstamm des Geschichtschreibers, die er uns als faktische Zeugen namhaft macht.
Sie

---

* Herodot. L. V. p. 194—95. Hen. Steph.
** ως δε εγω αναπυνθανομενος ευρισκω. l. c.

Sie hatten damals ihre Wohnsitze um die Colonisten des Kadmus, und waren also die nächsten Zuschauer, und diejenigen, denen sich Bildung und Kenntnisse der Ausländer zuerst mittheilten; diejenigen, denen es aus örtlichen Verhältnissen sogar schwer war, den Umgang und Verkehr mit den Fremden zu vermeiden. Eine verlässigere Zeugenschaft können wir nun wohl nicht fodern, als einen moralischen Körper der aus mehreren tausend Beobachtern bestehet, die alle unmittelbar durch die Umstände an den Schauplatz der Begebenheiten hingerükt, und auf mancherley Weise mit den handelnden Personen in Gemeinschaft sind. Und waren auch ihre Beobachtungsfähigkeiten anfangs schlecht, wie sich leicht glauben läfst, so war es ja kein vorübereilendes Phänomen, was plötzlich wieder unsichtbar wird, und die Aufmerksamkeit des Momentes erheischet, sondern ein solches, welches die Zeit abwartete; bis sie im Stande waren, es zu würdigen und zu begreiffen. Es sind Jahrhunderte verflossen, binnen welcher Zeit sie sich mit den Ansiedlern, ihren Einrichtungen und mitgebrachten Kunstfähigkeiten bekannt, und sich selber zu einer unverwerflichen Zeugenschaft geschickt machen konnten: Von der Ankunft der Kadmeer bis zur Verheerung von Thebe.

Es waren auch wirklich die Jonier vor allen hellenischen Völkerschaften, deren Geist sich zuerst entwickelte zu einem reinen und unerreichbaren Kunstgefühle; und alle diese hohe Fähigkeiten waren lediglich den Nationalereignissen und den Thaten der Vergangenheit geweiht. Der Umgang und Verkehr mit den fremden Anwohnern war sicher zur Besänftigung der Sitten und zur feinern Ausbildung ihrer Anlagen nicht ohne Einfluſs und Erfolg: oder vielmehr ihm ist beynahe das alles zuzuschreiben. Denn der kurze Aufenthalt in Attika, wo sie sich hingezogen hatten, bevor sie sich neue Wohnsitze in Asien, drey Generationen nach dem trojanischen Kriege, suchten, hat nicht an ihnen übereinmal bewirket, was nur die Zeit zu Stande bringt. Und doch nahmen sie damals, als sie Europa verliessen, eine schöne Cultur mit, allen den historischen Unterricht über die Begebenheiten der Vorzeit, aus dem ihre epischen Werke entstanden sind, den sie in Asien wohl nicht erst einsammeln konnten. Wer hätte über alle griechische Helden, ihren Charakter, Familien- und persönliche Verhältnisse und Thaten, über ihr häusliches und bürgerliches Leben, über jeden einzelnen so genaue Auskunft gewußt? Wer konnte ihnen da jenes genaue Detail zur Illiade und zur Odysse, und zu dem noch ältern thebischen Kriege unter den Epigonen geben, und zu allen übrigen Epopéen, welche sie im Zeitalter Homers in nicht geringer Anzahl von verschiedenen Dichtern aus ihrer Mitte erhielten, um so mehr, da der Innhalt derselben, etwa die kyprischen Lieder ausgenommen, Begebenheiten aus Hellas und ihrem Vaterlande, lauter Nationalereignisse der Helden- und Urzeit, lauter europäische Auftritte schilderte? Sie giengen daher schon als ein gebildetes und unterrichtetes Volk ausgestattet mit ihrer vaterländischen Geschichte in ihre neue Wohnungen hinüber, und sind in Ansehung ihrer frühern Cultur, vor den andern griechischen Stämmen, über die Thaten der alten Welt und ihren Zustand vorzüglich als Zeugen geeigenschaftet.

Die eigene Merkwürdigkeit des Gegenstandes; sein bleibendes Daseyn, bis sich der Beobachter für ihn gebildet hat; der örtliche Standpunkt der Beobachter selbst, die für ihn zeugen; die frühe Cultur derselben, um die Beobachtung geschichtlich im Liede fortzupflanzen: Sachen, Zeugen, Fähigkeit, Einsicht der Zeugen, alles ist so, wie es die ernsten Gesetze der Kritik verlangen. Es müfste also, wenn hierinn eine Unrichtigkeit obwaltete, ein Verschulden des Referenten, ein Versehen von Seite Herodots zu Klage kommen.

Allein es ist ja gerade vorhin beobachtet worden, dafs dieser Schriftsteller über mehr als gewöhnliche Kenntnisse zu verfügen hatte, dafs er selbst bis auf Anekdoten einzelner Geschlechter unterrichtet war, und ihre Schicksale bis auf jene Zeiten zu verfolgen und aufzuklären wufste, wo Kadmus und die Buchstaben Aufnahme und Unterkommen im böotischen Lande suchten, und das zwar in einem Falle, wo die Abkömmlinge dieser Familie oder dieses Stammes ihre eigene Geschichte selbst nicht redlich überlieferten. Aehnliche Erscheinungen treffen wir öfter bey ihm, wo er Angaben und Meinungen, die unbefugt in Umlauf gekommen waren, aus Gründen berichtigt, und wir sehen daraus nicht allein, dafs er ein stattlich unterrichteter, sondern auch ein prüfender und kritischer Schriftsteller gewesen ist. Das ist er auch immer gewesen in Sachen seines Vaterlandes und Volkes, wo es von seiner Vorbereitung und Untersuchung abhieng, und wo er nicht, wie in Begebenheiten fremder Völker aus Unkunde ihrer Denkmale und Litteratur dem guten Willen, der Einsicht und Redlichkeit derjenigen überlassen war, denen er auf seinen Reisen in die Hände fiel. In der Geschichte der Griechen war er selber bis auf die Wahl und Würdigung der Quellen ein strenger Richter, und bestimmte, bevor er sich ihnen, vertraute, aus Gründen ihren Werth. Ein Beyspiel davon haben wir in den Epigonen; er war es, der das Gedicht dem angeblichen Verfasser, dem Homer absprach, und die Achtung in der es stand, herunterstimmte; aber er hatte die faktische Verschiedenheit des beyderseitigen Epos aus der Vergleichung erhoben, und urtheilte nun, wie es sich für einen sachkundigen Kritiker ziemt, obschon das Poëm übrigens nach dem Ausspruche der Alten den Meisterwerken Homers sehr nahe kam. Ein Geschichtschreiber, der seine Quellen so unterscheidet, so einstudirt, so erwogen und geprüft hat; hat der nicht vollkommenen Anspruch auf Ansehen und Begläubigung?

Um nun dieses Ansehen zu entkräften, dazu gehörte wahrlich mehr als das, womit man sich begnügte. Man ergriff eine ganz zufällige Bemerkung, die er seiner Erzehlung beysetzte, und wähnte sich damit von ihm loszumachen, daſs man ihm all den Kram, den er hier vorgebracht hat, entschlossen ins Gesicht warf. Nachdem er nämlich seine Nachricht von Ankunft der Buchstaben in Griechenland geendet hat, sagt er, er habe selbst auch kadmeische Schrift am Tempel des Ismenischen Apollo zu Thebe auf einigen Tripoden gesehen, welche mit der jonischen viele Aehnlichkeit habe. So weit ist im Grunde nichts gefehlt. Aber er führt uns auch die Epigramme der Tripoden an; das erste nennet Amphitruon, das zweyte den Skaios des Hipokoon, das dritte den Laodamas des Eteokles als die Personen, welche bey dem Gotte diese Geschenke niedergelegt haben. Sicher sind nun die Aufschriften dieser Tripoden nicht so alt, als die Personen, derer sie erwähnen, sondern wurden durch spätere Anstalten zur Aufbewahrung des Angedenkens lange nachher darauf gesetzt — nicht defswegen, weil der homerische Hexameter und Ausdruck so vernehmlich durchdüftet, denn sie waren mit wenigen Buchstaben geschrieben, und haben diese jonische Flexion durch eine nachherige Rechtschreibung in den herodotischen Manuskripten bekommen; sondern weil damals das Alphabet zum Gebrauche der Griechen noch zu wenig bearbeitet war. Doch nahm sie der Geschichtschreiber auf Treu und Glaube für Monumente der Tage an, in denen diese Männer lebten.

Indessen ist es noch nicht einmal gewifs, ob er die Schrift für eben so alt als die Opfertische gehalten habe, oder nur für epigrammatische Berichte, die man nachher darauf grub; ob er sagen wollte, die Inskriptionen gehören in dieses Zeitalter, oder sie sichern nur den Tripoden dieses Alter zu, und weisen uns geschichtlich auf diese Männer zurück. Sie konnten ja kadmeische Schrift seyn, und waren eine solche als Urdenkmale des böotischen Landes, wenn sie ihrer Abfassung nach auch weit unter die Tage dieser Fürsten zu stehen kommen.

Doch das sey, wie es wolle; habe er sie wirklich für das gehalten, so hat er ja nicht seine historische Nachrichten daraus geschöpft, sondern nur den historischen Nachrichten zu Folge, welche die Buchstabenschrift schon den punischen Ankömlingen unter Kadmus beylegten, das Versehen begangen: sie haben nicht einen Irrthum in Ansehung der Geschichte veranlafst, sondern die Geschichte hat ihn dazu verleitet in Ansehung ihrer sich eines Irrthumes schuldig zu machen. Die Sache ist klar; denn von dem Allem was er erzehlt, konnte er wohl nicht ein Wort aus ihnen gelernt haben: nichts von Kadmus und seinen Phönikiern, nichts von den Jonern, die um sie her wohnten, nichts von ihrem Zeugnisse, von alle dem nichts. Somit ist es eine abgesonderte Beobachtung, auf die im Grunde nichts ankömmt, und die am Ganzen nichts ändert. Habe seine geschäftige Combinationsgabe in Vergleichung der jonischen und der ältern thebischen Schriftzüge sich auch durch die Suggestionen der Geschichte so weit übereilen lassen, dafs er den Epigrammen im Ismenischen Tempel ein zu hohes Alter zugestand; so kömmt dennoch am Ende sogar auch noch das heraus, was er in der Anmerkung wollte, und was er sich selber gesehen zu haben freute, nämlich dafs die böotischen oder kadmeischen Zeichen izt noch (in seinen Tagen) in ihren Formen einerley Ursprung ankünden.

Nun was wollen wir? Einen Schriftsteller mifshandeln, seine Verdienste und seinen Werth in Abrede stellen, sein Zeugnifs von der Hand weisen, weil ihm eine zufällige Anmerkung, die im Ganzen keinen Unterschied macht, vielleicht mifslang? Ist das so logischrecht, ist es so kritisch in Ordnung?

Aber mich leitet der Faden der Untersuchung anderswohin, in den Orient, oder nach Aegypten zurück. Woher brachte Kadmus die herrliche Erfindung? Werden wir sie da wieder treffen, wo wir sie aus philologischen Spuren, denen wir nachgiengen, im Anfange wahrgenommen haben? Er war ein Phönikier, das ist gewifs: kam er aber auch aus Phönikien? So ist die gemeine Meinung der spätern Schriftsteller, für die ich dennoch keine namhafte Gewährleistung, keine ausgezeichnete Authorität finde, die sogar das gegen sich hat, dafs sie nur erschlossen zu seyn scheint. Er war ein Phönikier, dachte man, also kam er aus Phönikien; wo sollte er denn sonst herkommen?"

Dagegen verständiget uns Konon anders, ein Schriftsteller, der vor unserer Zeitrechnung lebte, denn er eignet sein Buch dem Archelaus Philopator, einem Freunde des Antonius zu. * Er hatte die Werke der Alten in grosser Anzahl vor sich, aus denen er Untersuchungen über die mythischen und heroischen Zeiten anstellte, um die Erzehlungen derselben überall auf eine historische Zuverlässigkeit zurückzubringen, und in der Verschiedenheit der Sagen etwas Gewisses auszumachen. ** Das versuchte er auch an der Geschichte des Kadmus, und beschloſs insbesondere die Abhandlung von diesem Führer mit einem Bewuſstseyn und Vertrauen auf seine Erörterungen, welches uns bey einem so kritischen Kopfe nicht wenig verheiſst. Das nun ist wahr (so schlieſst er) alles andere ist Gerede und Erdichtung zur Belustigung der Ohren. ***

Er sagt nun, die Phœnikier hätten in Oberägypten einen Staat gegründet; die Hauptstadt war Thebe. Von daher hat Kadmus, als er nach Europa gieng, seine Reise angetreten, und nach seiner Ankunft in Böotien ein Thebe zum Andenken seines vormaligen Vaterlandes erbaut. Im zwey und dreyssigsten Diegeme setzte er auch noch dieses dazu: Proteus sey mit ihm gezogen, um vor der grausamen Regierung des Busiris sich durch die Flucht zu retten.

Schon der Name Thebe begünstigt die Nachricht; nicht selten ist es geschehen, daſs Auswanderer zur Erinnerung ihrer

---

* Photii Biblioth. Cod. 196.
** εκ πολλων αρχαιων συνειλεγμενα. l. c.
*** ουτοι ο αληθης λογος, το δ'αλλο μυθος και γοητεια ακοης. l. c. p. 229. Edit. Hœschelii.

Abkunft, oder aus Vorliebe, den neuen Städten, die sie anderswo bauten, die altvaterländischen Namen beylegten. Wem sind die Beyspiele davon nicht bekannt? Aber auch die Sphinx, die in den böotischen Gebürgen den Wanderer überschlich, ist ganz und gar ein Wesen der aegyptischen Theogonie, Symbolik oder Einbildungskraft. Endlich sind selbst auch die Mythen darinn einverstanden, daſs sie den Vater des Kadmus den Agenor als einen Aegyptier angeben, oder als einen Phönikier der in Aegypten Besitzungen gehabt, oder wenigst sich da länger aufgehalten hat.

Hier vereinbaren sich wieder Zeugenschaften, und Gründe aus Vergleichung der Umstände, und beyde vereinbaren sich mit unsern philologischen Beobachtungen über die Buchstabenschrift, die wir anfangs gemacht haben, wiederum am Ende, und gewähren uns das Vergnügen einer schönen Harmonie, welche der Charakter der Wahrheit ist.

Kadmus und Mose, beyde giengen von Aegypten aus, und beyde ungefähr zu einer Zeit. Es scheint Aegypten habe damals den Entschluſs gefaſst, jede fremde Herrschaft abzuschütteln, die ausländischen Ansiedlungen fortzuschaffen, oder durch Unterdrückung für immer so herunter zu bringen, daſs es sie fürder zu keinem Versuche gelüsten möchte, die Obergewalt zu erringen, oder durch eine Umwälzung die Macht über die Eigebohrnen zu behaupten. Sie beyde und vielleicht mehrere andere, denen weder gleiches Glück, noch ein gleicher Ruhm zu Theile geworden ist, suchten durch die Flucht dem Drucke sich zu entziehen. Aber nur sie zween brachten die Buchstaben oder die Einsichten Aegyptens in andere Länder, woher die Gleichheit

heit der beyderseitigen Schrift kömmt, der altjüdischen und althellenischen.

Aber noch einmal zurück zur Geschichte. Ueber die Reise des Kadmus belehrt uns ein weit älterer Schriftsteller als Herodot ist, nämlich Hekatäus der Milesier, auf welchen jener zuweilen sich beruffen hat. Er hatte verschiedene Länder, und auch Aegypten besucht, um sich Kenntnisse aufzusammeln, bevor er sein historisches Werk unternahm; eine Gewohnheit der griechischen Gelehrten, die zur Bildung ihres Geistes ausserordentlich Vieles beytrug. Eigentlich redet er da von den Juden, und verbreitet sich über ihre Verfassung und Geschichte. Den Beobachtungen zu Folge, welche er uns über die erstere mittheilet, scheint er unmittelbar vor dem persischen Kriege sie und ihr Land gesehen zu haben. Als er aber ihren Ursprung erörtert, nämlich in so weit als sie in der Reihe der Völker auf dem Schauplatze der Welt zuerst erschienen, verbindet er die Geschichte des Kadmus mit jener ihres Gesetzgebers und des Urhebers ihrer Nationalexistenz. Einen Auszug aus seinen Nachrichten über diesen Gegenstand machte Diodor von Sicilien im vier und dreysigsten Buche seiner Bibliothek, gegen die Mitte, woher wir noch im Besisze derselben sind. * Es hatten sich

---

* Durch den Photius Cod. 154, der sich nicht wenig über die heidnische Erzählung geärgert hat. Κατα την Αιγυπτον το παλαιον λοιμικης περιστασεως γενομενης, ανεπεμπον δε πολλοι την αιτιαν των κακων επι το δαιμονιον. πολλων γαρ και παντοδαπων κατοικουντων ξενων, και διηλλαγμενοις εθεσι χρωμενων περι το ιερον και τας θυσιας, καταλελυσθαι συνεβαινε παρ' αυτοις τας πατριους των Θεων τιμας. οπερ δε της χωρας εγγενεις υπελαβον, εαν μη τους αλλοφυλους μετκστησωνται, κρισιν ουκ εσεσθαι των κακων. ευθυς ουν ξενηλατημενων των αλλοεθνων, οι μεν επιφανεστατοι και δραστικωτατοι συστραφεντες εξερριφησαν (ως τινες

T

nämlich, erzehlt er, in Aegypten pestartige Zufälle hervorgethan. Die Eingebohrne schoben die Ursache davon auf die Auswärtigen, die sich unter ihnen niedergelassen hatten, und die Gottheiten des Landes nicht, wie es sich ziemte, verehrten. Sie wurden daher zur Auswanderung genöthigt; die kühnsten aus ihnen wandten sich unter Danaus und Kadmus nach Hellas: eine grofse Volksmenge warf sich unter der Führung Mose nach Judäa, eroberten es, und nahmen seine Gesetze an. Die Fortsetzung der Erzählung hat keine Verbindung mehr mit dem Gegenstande, den wir zu beleuchten unternommen haben. Uebrigens ist noch eine beyläuffige Anmerkung der Rücksicht würdig: wenn sich in der ältesten griechischen Mythologie ägyptische Gottheiten unter phönikischen Namen finden, was ich glaube, so haben wir die Ursache dieser Erscheinung hier urkundlich vor Augen.

Φασιν) εις την ελλαδα, και τινας ετερους τοπους, εχοντες αξιολογους ηγεμονας, ων ηγούντο Δαναος και Κάδμος των αλλων επιφανεστατοι. ο δε πολυς λεως εξεπεσεν εις την νυν καλουμενην ιουδαιαν . . . . . . ηγειτο δε της αποικιας ο προσαγορευομενος Μωσης, φρονησει δε πολλη και ανδρεια πλειστον διαφερων . . . . . .

Ψευδολογων τα πλειστα διερχομενος. προς τους ελεγχους παλιν ων κατεψευσατο της αληθειας, αναχωρησιν εαυτω μεθοδευσαμενος, εις ετερον και νυν αναφερει των ειρημενων την παριστοριαν. επαγει γαρ. περι μεν των ιουδαιων Εκαταιος ο Μιλησιος ταυτα ιστορηκεν. p. 619. 20. 21. Ed. Hœschelii.

Zusätze.

Zu S. 63. Obschon Fourmont die beyden amykläischen Verzeichnisse für ein einziges Denkmal hielt, sehe ich doch, dafs dieses Vorgeben nicht so geradezu anerkannt wird. Heyne antiquarische Aufsätze I Th. S. 89. Doch dünkt mich sollten die Umstände darüber etwas bestimmen, unter denen sie der Entdecker fand, sowohl äussere als innere; die Lage oder Stellung der Steine, ihre Gröfse, Breite, das beobachtete Ebenmafs, Farbe und Gattung derselben: dann die Aehnlichkeit der Züge, die Höhe und Breite der Buchstaben, und die Länge der Linien. Hätte er das nicht Alles übereinstimmend angetroffen, hätte ihn nicht die eigene Ansicht und Wahrnehmung geführt, hätten sich ihm merkliche Unterschiede in Gestalt, Ebenmafs von aussen, in Bildung der Buchstaben, Höhe derselben, u. s. w. angekündigt, so hätte er wohl von einer Vereinigung beyder Stücke abstehen müssen. Den Einwurf aber, den man daher nahm, dafs eine Tafel ein reicheres Alphabet als die andere hat, ist, wie ich hoffe, nunmehr so wenig entgegen, dafs er nicht wiederholt werden dürfte.

Indessen obschon wir nicht mit ihm an Ort und Stelle waren, ist doch noch nicht aller Weg des eigenen Urtheiles verschlossen. Der gleichförmige Innhalt beyder Stücke vereinigt sie zu einem Ganzen. Hernach ist es die Gestalt der Buchstaben, die hier Vieles zu sagen hat. Obwohl wir dreyerley Perioden der Schrift deutlich unterschieden, und dreyerley Zeitalter, in denen verschiedene Künstler daran arbeiteten, so haben doch alle drey in allen Buchstaben, die ihnen gemeinsam sind, einerley Züge beobachtet, und sich zu Bewürkung der Aehnlichkeit geflissentlich verwendet. Alle Linien endlich, wo sie ganz ausgefüllt sind, bestehen auf beyden Denksteinen aus drey, vierthalb, oder vier Worten — und die Buchstabenzahl ist beyderseits dieselbe, so daſs sie in vollen Linien immer zwischen 25 bis 28 Charakteren hin und her spielt. Es ist daher eine genaue Symmetrie in Ansehung der Linien, eine gleiche Höhe und Breite der Buchstaben bey der Verfertigung der Steine beabsichtet gewesen — oder wenn die Linien des einen länger, die Buchstaben grösser und breiter waren, so müſste ein solches Miſsverhältniſs der Steine gedacht werden, daſs Fourmont durch den ersten Anblick überwiesen worden wäre, daſs es zwey Aufschriften sind, die nie zu einem einzigen Denkmale vereinbarlich wären.

Zu S. 74. 75. Ich bin inzwischen mit einer kleinen Schrift bekannt geworden: Sainte-Croix Wiederlegung des Wolfischen Paradoxons über die Gedichte Homers, a. d. Franz. Leipz. 1798. welche einen artigen Beweiſs an Handen giebt, daſs Steinschriften, ungefähr wie die Bücher durch Auffrischen verbleichender Buchstaben oder durch neu verfertigte Abschriften zu uns herabgekommen sind; nur mit dem Unterschiede, daſs die Dauerhaftigkeit des Materials solche Vorkehrungen bey den einen mehr als bey den andern erheischte. Es ist eine der merkwürdigern Stellen dieses Aufsatzes S. 76. 77. Man hatte, sagt er, im Alterthume die Gewohnheit, solche Inskriptionen, die fast verloschen, oder sonst durch die Zeit verderbt waren, wieder neu einzugraben —. Ich habe hievon eine deutliche Probe vor Augen gehabt, ich meyne eine in dem Cabinet eines angesehenen Gelehrten verwahrte Innschrift, die vor dreyſsig Jahren in dem Gebiete der alten Stadt Megara entdeckt worden. Sie betrift einen Orrippus oder Orsippus aus dieser Stadt, der in den Olympischen Spielen, im ersten Jahre der XV Olympiade 720 vor Chr. Geb. den Siegeskranz erhalten, als er zuerst im Stadium ohne Begürtung lief. (siehe Corsini Fast. attic. Tom. III. p. 22.) Thucidides und Pausanias reden von ihm, und bey dem Scholiasten des erstern finden sich vier Verse der erwähnten dorischen Innschrift von den sechs, die das unedirte Monument enthält.

Nothwendige Verbesserungen.

S. 8.	in der letzten Linie ist zu lesen statt Καππα	— Κοππα
S. 9.	im griech. Citate 1te Linie statt συμφορας	— σκμφορας
	7te Linie statt συμφορας	— σκμφορας
	8te Linie nach Σ και Π	— ist der Punkt auszulöschen.
S. 12.	4te L. statt Genius	— Geniés,
S. 40.	14te L. statt ܠܣܘܪܝܐ	— ܠܣܘܪܝܐ
	unten im Citate. C. V.	— Lib. V.
S. 78.	10te L. glauben davon	— glauben daran
S. 94.	9te L. debitirt	— debutirt
S. 134.	13te L. ihren ungeh.	— jenen ungeh.

	Phoen.	Graec.	Hieroglyph.
A			
B			
Γ			
Δ			
E			
I			
K			
Λ			
M			
N			
O			
Π			
P			
Σ			
T			

www.ingramcontent.com/pod-product-compliance
Lightning Source LLC
Chambersburg PA
CBHW020413230426
43664CB00009B/1270